◀ Niveau débutant ▶

Lucile **Charliac**

Jean-Thierry **Le Bougnec**

Bernard **Loreil**

Annie-Claude **Motron**

Phonétique Progressive du Français

2e ÉDITION

avec 450 exercices

CLE
INTERNATIONAL
www.cle-inter.com

Descriptif d'une leçon

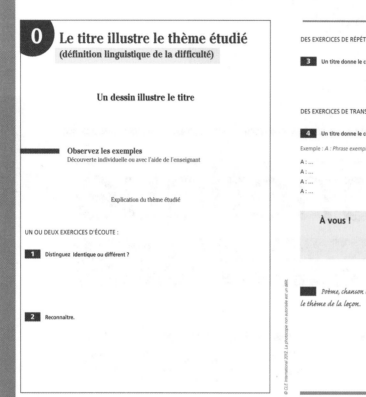

Direction de la production éditoriale : Béatrice Rego
Édition : Isabelle Walther
Mise en pages : Alinéa/AGD
Couverture : Fernando San Martin
Illustrations : Marcelo Benitez
Logos : Jean Oost
Enregistrement : Vincent Bund

Direction de la production éditoriale : Béatrice Rego
Édition : Isabelle Walther
Mise en pages : Alinéa/AGD
Couverture : Fernando San Martin
Illustrations : Marcelo Benitez
Logos : Jean Oost
Enregistrement : Vincent Bund

ISBN : 978-209-038134-4
Achevé d'imprimer en France en mai 2015
Dépôt légal : octobre 2012 - N° de projet : 10216154

Avant-propos

La **Phonétique progressive du français** *niveau débutant* s'adresse à des apprenants adultes et adolescents non francophones en début d'apprentissage du français. Cette **deuxième édition**, **revue et augmentée**, conserve la structure fondamentale de l'ouvrage, mais offre également de nouveaux outils pédagogiques.

Ce livre et les 4 CD qui l'accompagnent peuvent s'utiliser en complément d'une méthode de langue ou, plus ponctuellement, pour étudier une difficulté particulière.

Un livret inclus contient les corrigés des exercices et la transcription des enregistrements : ce manuel peut donc être utilisé aussi bien en classe, comme support ou complément de cours, qu'en auto-apprentissage.

Les explications données dans chaque chapitre comportent des phrases aussi courantes que possible et les règles, très simplifiées, cherchent à aller à l'essentiel et à être comprises par des apprenants débutants.

Seules les principales difficultés que rencontrent les non-francophones dans leur apprentissage du français oral ont été abordées. Elles peuvent être d'ordre rythmique, intonatif, articulatoire ou morpho-phonologique.

Cette deuxième édition est composée de 56 leçons groupées en 3 parties de difficulté croissante :
– 1re partie : les caractéristiques du français,
– 2e partie : les sons spécifiques du français,
– 3e partie : les principales difficultés. Reprend, en les approfondissant, les difficultés majeures abordées dans les parties 1 et 2.

Chaque leçon est présentée sur deux pages :
– la page de gauche s'organise autour d'un titre, illustré par une image. La question traitée apparaît dans le titre. On trouve ensuite une phase d'observation et de sensibilisation (sonore et visuelle) qui permet à l'étudiant de mieux appréhender le point étudié, en se référant, pour les sons, à des mots-clés que l'on retrouve tout au long de l'ouvrage ; puis viennent des explications et des schémas pour comprendre seul ou avec le professeur comment corriger la difficulté. Au bas de la page, des activités d'écoute, de discrimination et d'identification permettent à l'apprenant d'isoler, de distinguer et de reconnaître la difficulté, avant de passer aux exercices de production ;
– la page de droite propose des exercices d'application variés, classés par ordre de difficulté croissante. Ces exercices privilégient la production de phrases complètes introduites dans un contexte, en gardant une perspective communicative : exercices de répétition, transformations, dialogues, À vous !...

Les symboles phonétiques servent de repère à l'enseignant et favorisent l'auto-apprentissage : ils permettent de visualiser l'identique et le différent, et d'avoir accès, en fonction des besoins et des difficultés, à la transcription phonétique des dictionnaires.

Des **activités communicatives** permettent, en fin d'ouvrage, de travailler la compréhension et la production orale et écrite, en classe ou en auto-apprentissage.

Elles se composent de dialogues, de mises en situations de la vie quotidienne, de jeux de rôles, etc. Ces documents suivent la progression de l'ouvrage et peuvent s'insérer en cours d'apprentissage.

Le coffret de 4 CD audio comprend 3 CD pour les pages leçons et 1 CD pour les activités communicatives et les poèmes et chansons présents dans l'ouvrage.

Les auteurs

Symboles utilisés

☐ Le rythme : une syllabe

◺ L'intonation : une montée de la voix

◹ L'intonation : une descente de la voix

¢ $ Les lettres non prononcées

La chaîne des mots :

u/ng̸ amig̸ : un enchaînement consonantique

les‿amis : une liaison

moi ⌢ aussi : un enchaînement vocalique

L'ouverture :

la bouche   la bouche
est ouverte   est fermée

La position de la langue :

la langue est   la langue est
en avant   en arrière

la langue est   la langue est
en haut   en bas

La nasalité :

la voyelle   la voyelle
est nasale   est orale

La tension :

les muscles sont   les muscles sont
plus tendus   moins tendus

La sonorité :

il y a une   il n'y a pas
vibration   de vibration

consonne   consonne
occlusive   constrictive

La labialité :

les lèvres sont   les lèvres sont
tirées   arrondies

L'acuité :

le son est aigu   le son est grave

⚠ Signale une difficulté particulière

* Signale un mot ou une expression qui appartient à un style plus familier

/ / contiennent des symboles de l'Alphabet Phonétique International (A.P.I.)

Certains symboles phonétiques ressemblent à des lettres
/paʁ/ est la transcription phonétique de *par*

D'autres symboles phonétiques sont plus difficiles à reconnaître
/ʒə/ est la transcription phonétique de *je*

D'autres symboles phonétiques peuvent être confondus avec des lettres de l'alphabet
/kuzy/ est la transcription phonétique de *cousu*

À la fin de l'ouvrage, un tableau récapitule les sons étudiés (page 124), et une grille présente les relations entre les sons et l'orthographe (page 126).

Sommaire

PREMIÈRE PARTIE
Les caractéristiques du français

Le rythme

La musique et l'intonation

Les lettres non prononcées

La chaîne des mots et la continuité

DEUXIÈME PARTIE
Les sons spécifiques du français

Le /y/

Le /z/

Les caractéristiques du français

_____ Le rythme

_____ La musique et l'intonation

_____ Les lettres non prononcées

_____ La chaîne des mots et la continuité

1 – Et les gants ? – Élégant !

(Plusieurs mots ou un seul mot : un même rythme)

Observez le rythme des exemples

2 syllabes *dada*
1. Ah bon ?   2. Assez ?

3 syllabes *dadada*
3. À ce soir !   4. Arrêtez !

4 syllabes *dadadada*
5. J'ai 17 (dix-sept) ans.   6. Absolument !

5 syllabes *dadadadada*
7. Il s'appelle comment ?   8. Félicitations !

• **Plusieurs mots ou un seul mot : un même rythme.**

> Les mots forment des groupes à l'oral.
> **Dans un groupe, tout est attaché.**

1   **Qu'est-ce que c'est ? Écoutez, et dessinez le rythme.**

Exemple : A : Qu'est-ce que c'est ?   B : Qu'est-ce que c'est que ça ?

1. A : Qu'est-ce que c'est ?   2. B : Qu'est-ce que c'est que ça ?

3. A : C'est mon livre.   4. B : C'est ton nouveau livre ?

5. A : C'est mon dictionnaire.   6. B : C'est ton cahier ?

7. A : C'est ton exercice ?   8. B : C'est très facile !

2 Écoutez une deuxième fois les exemples de la page de gauche, puis répétez-les.
Regardez les corrigés de l'exercice 1, puis répétez-les.

3 Prêt ? Répétez.

2 syllabes

1. Bonjour !   **2.** Ça va ?

3 syllabes

3. On commence ?   **4.** On y va.

4 syllabes

5. Vous m'entendez ?   **6.** Faites attention !

4 Le maître d'hôtel. Jouez le rôle A.

1. A : Bonsoir Madame, bonsoir Monsieur …   △ Prononcez   Meu | sieu

2. A : Deux personnes ?

3. A : Pardon Madame, votre manteau.

4. A : Fumeur ? Non-fumeur ?

5. A : Par ici, s'il vous plaît.

6. A : Je vous en prie…

7. A : Suivez-moi !

5 Le robot. Répétez en imitant la voix.

1. Comment allez-vous ?

2. Qu'est-ce que vous voulez ?

3. Appuyez sur le bouton !

À vous ! L'hôtesse de l'air. Dites les phrases en imitant la voix.

1. Roissy-Charles de Gaulle…

2. … Vol 227 (*deux cent vingt-sept*)…

3. … Air France…

4. … Destination : Bamako…

5. … Embarquement immédiat.

2 Un café crème... et un verre d'eau, s'il vous plaît !

(Les groupes rythmiques)

Observez les groupes dans les exemples

1. <u>les gares</u> <u>sont dessinées</u>.
2. <u>les garçons</u> <u>dessinaient</u>.

- La différence entre 1 et 2, ce sont les groupes rythmiques.
- Dans les deux cas, il y a deux groupes rythmiques mais ils sont différents.

> Dans les phrases longues, on trouve plusieurs **groupes rythmiques**.
> Exemple :
> <u>Un café crème</u>   <u>et un verre d'eau,</u>   <u>s'il vous plaît !</u>
> 3 groupes rythmiques

---

1 Écoutez et soulignez les groupes rythmiques. Comptez-les.

Exemple : « *Allô, Sophie, c'est Maman.* »   *3* groupes rythmiques.

1. Ton frère vient dîner à la maison avec une amie.   ... groupes rythmiques.

2. Mais ton père est en voyage à Marseille.   ... groupes rythmiques.

3. Ma chérie, s'il te plaît, viens mercredi !   ... groupes rythmiques.

E X E R C I C E S

2 Écoutez une deuxième fois les exemples de la page de gauche, puis répétez-les.
Regardez les corrigés de l'exercice 1 puis répétez-les.

3 Les prénoms composés. Dites les prénoms.

(4 hommes)	**1.**	<u>Jean</u>, <u>Jacques</u>, <u>Paul</u> et Henri.
(3 hommes)	**2.**	<u>Jean-Jacques</u>, <u>Paul</u> et Henri.
(2 hommes)	**3.**	<u>Jean-Jacques</u> et Paul-Henri.
(4 femmes)	**4.**	<u>Marie</u>, <u>Claire</u>, <u>Anne</u> et Sophie.
(3 femmes)	**5.**	<u>Marie-Claire</u>, <u>Anne</u> et Sophie.
(2 femmes)	**6.**	<u>Marie-Claire</u> et Anne-Sophie.

4 Présentation. Racontez.

1. A : <u>Il s'appelle</u> <u>Thomas Cartier</u>.

2. A : <u>Il travaille</u> <u>dans un restaurant</u>.

3. A : <u>Il aime</u> <u>la musique brésilienne</u>.

4. B : <u>Elle s'appelle</u> <u>Martine Lemoine</u>.

5. B : <u>Elle travaille</u> <u>dans un musée</u>.

6. B : <u>Elle aime</u> <u>le cinéma japonais</u>.

À vous ! Les grands magasins. Répétez.

A. 1. Monoprix, …

    2. c'est ouvert …

    3. de 9 (*neuf*) heures…

    4. à 20 (*vingt*) heures.

de	neu-	vheures
à	vin-	theures

B. 1. Au Bon Marché, …

    2. la mode été, …

    3. au rayon Femme, …

    4. chez Saint-Laurent.

C. 1. Galeries Lafayette, …

    2. au deuxième étage, …

    3. à la librairie, …

    4. not<u>r</u>e sélection.

3 Au secours ! Arrêtez ! Arrêtez tout !

(La dernière syllabe du groupe est plus longue)

Observez la dernière syllabe des exemples

Au secours !

Arrêtez !

Arrêtez tout !

> La **dernière syllabe** du groupe rythmique est différente des autres : elle est **plus longue**.

1 Ton numéro de téléphone ? **Écoutez et dessinez suivant l'exemple.**

Exemple : *J'écoute...*

1. 06 (*zéro six*)...

2. 12 (*douze*)...

3. 17 (*dix-sept*)...

4. 63 (*soixante-trois*)...

5. 16 (*seize*).

6. Je répète : 06-12-17-63-**16**.

2 Écoutez une deuxième fois les exemples de la page de gauche, puis répétez-les.
Regardez les corrigés de l'exercice 1, puis répétez-les.

3 Les mots « internationaux ». **Répétez les mots.**

1. | L'au | to | bus |
2. | Le | mé | tro |
3. | Le | ti | cket |
4. | Le | passe | port |

5. | Le | ta | xi |
6. | L'a | é | ro | port |
7. | La | ra | dio |
8. | Le | té | lé | phone |

4 Prénoms « internationaux ». **Dites les prénoms.**

1. Marianna !
2. Frédéric !
3. Alexandra !
4. Christophe !

5. Olga !
6. Sébastien !
7. Anna !
8. David !

5 Les mots anglais en français. **Répétez.**

1. | Un | san | dwich |
2. | Du | ket | chup |
3. | Un | Co | ca |
4. | Un | wee | k-end |

5. | Du | sho | pping |
6. | Le | foot | ball |
7. | Le | pla | nning |
8. | Un | par | king |

À VOUS ! Criez ! Répétez. Jouez le rôle A puis le B.

(Dans une discothèque)

1. A : C'est quoi ?
3. A : La musique, c'est quoi ?

2. B : Qu'est-ce que tu dis?
4. B : C'est David Bowie.
5. B : C'est son nouveau disque.

(Sur une moto)

1. A : C'est nouveau ?
3. A : C'est nouveau ?
5. A : Ton T-shirt, c'est nouveau ?

2. B : Comment ?
4. B : Je n'entends rien !

4 Elle est colombienne ?

(Les syllabes du groupe sont régulières)

Observez les premières syllabes des exemples

| da | da | da | da | daa |

Elle est canadienne.

| da | da | da | da | da | daa |

Il est indonésien.

> Le rythme des syllabes du groupe est **très régulier** jusqu'à la fin du groupe.
> Seule, la dernière syllabe du groupe est plus longue.

1 C'est à moi ! Écoutez et dessinez suivant l'exemple.

Exemple : | Mais | c'est | quoi ? |

1. | Ma photo ! |

2. | C'est ma photo ! |

3. | Mais c'est ma photo ! |

4. | C'est ma photo à moi ! |

EXERCICES

2 Écoutez une deuxième fois les exemples à la page de gauche, puis répétez-les.
Regardez les corrigés de l'exercice 1, puis répétez-les.

3 Ohlàlà, ohlàlàlàlà ! Répétez.

1. C'est bien.

2. C'est très bien !

3. C'est vraiment bien !

4. C'est vraiment très bien !

5. C'est chaud.

6. C'est très chaud !

7. C'est vraiment chaud !

8. C'est vraiment très chaud !

4 Échanges. Jouez le rôle A puis le B.

1. A : Et là, ça va ?

3. A : Là, ça nє va pas ?

5. A : Pourquoi ?

7. A : Pourquoi pas là ?

9. A : Et pourquoi pas ici !

2. B : Ça nє va pas.

4. B : Là-bas, ça nє va pas.

6. B : Pourquoi quoi ?

8. B : Pourquoi pas là-bas ?

5 Perdu ? Dites les phrases.

1. « Rue dє la Paix ».

2. La rue dє la Paix...

3. C'est la rue dє la Paix ?

4. Oui, c'est bien la rue dє la Paix.

5. « Champs-Élysées ».

6. Les Champs-Élysées...

7. C'est les Champs-Élysées. ?

8. Oui, c'est bien les Champs-Élysées.

À vous ! Vos vacances ? Écoutez, dessinez et répétez.

1. En mai,   du 2 (*deux*) mai -   au 22 (*vingt-deux*) mai.

2. En août,   du 17 (*dix-sept*)   au 31 (*trente et un*).

3. En janvier,   du 14 (*quatorze*)   au 20 (*vingt*) janvier.

4. En février,   à partir du 16 (*seize*)   et jusqu'au 21 (*vingt et un*).

5 Un chocolat chaud...
et une bière bien fraîche !
(Les syllabes sont toutes régulières)

Observez les syllabes

Un chocolat chaud...

un	cho	co	lat	chaud

et une bière bien fraîche

et	une	bière	bien	fraîche

> Les syllabes simples (*cho-co-lat*) suivent **le même rythme**
> que les syllabes complexes (*bière-bien-fraîche*).

1 Le petit-déjeuner. **Écoutez et choisissez suivant l'exemple.**

	da da da daa	da da da daa
Exemple : *Tu n'as pas faim ?*	X	
1. Elle part très tôt.	...	...
2. Un petit-déjeuner ?	...	...
3. Un café serré.	...	...
4. Un gros croissant.	...	...

2 Écoutez une deuxième fois les exemples de la page de gauche, puis répétez-les. Regardez les corrigés de l'exercice 1 puis répétez-les.

3 Villes et régions. **Répétez les phrases.**

1. Caen, en Normandie.

2. Nice, sur la Côte d'Azur.

3. Toulouse, en Midi-Pyrénées.

4. Dijon, en Bourgogne.

5. Rennes, en Bretagne.

6. Ajaccio, en Corse.

4 Rencontre. **Jouez le dialogue.**

1. A : Comment ça va ?

2. B : Très bien et toi ?

3. A : Tu as deux minutes ?

4. B : Je suis très pressé…

5. A : On prend un café…

6. B : Bon, alors un expresso express !

À vous ! Plusieurs. **Transformez dans le même rythme.**

A : Dix-sept fois ? ☐☐☐   *B. Plusieurs fois.* ☐☐☐

1. A : Di<u>x</u>-sep<u>t</u> fois ?   B : ....

2. A : Di<u>x</u>-neu<u>f</u> personnes ?   B : ....

3. A : Ving<u>t</u>-sep<u>t</u> Polonais ?   B : ....

4. A : Ving<u>t</u>-neu<u>f</u> présentateurs ?   B : ....

5. A : Trente-deux nationalités ?   B : ....

6 Martin … là ! Lucas … ici ! Nina … au milieu !

(Plusieurs groupes rythmiques)

Observez le rythme des groupes dans les exemples

Martin … là ! ·

☐☐ ☐☐

Lucas … ici !

☐☐ ☐☐

Nina …

☐☐

au milieu !

☐☐☐

> Les **groupes rythmiques** ont tendance à avoir **la même durée**.

---

1 Écoutez et dessinez comme dans l'exemple.

Exemple :

6 fois 5 ?	☐☐☐	*30 (trente).*	☐
1. 6 fois 6 ?	☐	36 (*trente-six*).	☐
2. 6 fois 7 ?	☐	42 (*quarante-deux*).	☐
3. 9 fois 8 ?	☐	72 (*soixante-douze*).	☐
4. 9 fois 9 ?	☐	81 (*quatre-vingt-un*).	☐
5. 9 fois 10 ?	☐	90 (*quatre-vingt-dix*).	☐

2 Écoutez une deuxième fois les exemples de la page de gauche, puis répétez-les.
Regardez les corrigés de l'exercice 1 puis répétez-les.

3 Je suis libre. **Répétez en rythme.**

1. Ce vendredi ?

2. Mercredi soir... ou vendredi.

3. Mardi midi, mercredi soir... ou vendredi.

4. Et le samedi ?

5. Le mercredi... et le samedi.

6. L'après-midi, le mercredi... et le samedi.

7. Lundi, mercredi... ou vendredi.

8. Ce soir, demain soir... et tous
les soirs.

9. Maintenant, tout à l'heure...
ou quand tu veux.

4 À l'épicerie. **Dites la liste de courses en rythme.**

1. Du beurre...

2. Du beurre, du jus d'orange...

3. Du beurre, du jus d'orange et du dentifrice.

5 Ma valise. **Dites les mots en rythme.**

1. Un pull...

2. Un pull, une chemise...

3. Un pull, une chemise, un pantalon...

4. Un pull, une chemise, un pantalon, une paire de chaussures.

À vous ! Manifestation. **Répétez en rythme.**

1. | da | da | da | da | daa, | da | daa, | da | daa | da | da | da | da | daaa |

2. On va écouter !   D'accord,   d'accord !   On va travailler !

3. Fini les autos !   Vélo,   vélo !   Ça, c'est écolo !

7

– Pardon madame !
– Je vous en prie.

(Synthèse rythmique)

Observez le rythme dans les syllabes des exemples

Pardon Madame !

Par	don	Ma	dame

Je vous en prie.

Je	vou	s en	prie

> Dans les groupes rythmiques :
> 1. la dernière syllabe est plus longue
> 2. les autres syllabes sont régulières.

---

1 Écoutez et dessinez les syllabes sur le texte comme dans l'exemple.

Exemple : | Bon | soir | Ma | dame. |

1. A : | Bonjour Monsieur. |

2. A : | Comment allez-vous ? | ⚠ Co-mmen-ta-llez-vous

3. B : | Ça va bien, | merci beaucoup. |

4. B : | Et toi, | comment vas-tu, | ma petite Nathalie ? |

5. A : | Je vais très bien. | Il fait si beau ! |

E X E R C I C E S

2 Écoutez une deuxième fois les exemples de la page de gauche, puis répétez-les.
Regardez les corrigés de l'exercice 1 puis répétez-les.

3 Présentations. Jouez le dialogue.

1. A : Bonsoir Maman !

3. A : Ça va très bien, et toi ?

5. A : Voici Martine, une amie.

7. A : Ma mère, Claire.

2. B : Bonsoir mon fils, comment vas-tu ?

4. B : Ça va, ça va.

6. B : Bonsoir Mad∉moiselle !

8. C : Bonsoir Madame.

4 Au téléphone. Répétez.

1. A : Pablo ? C'est Nadia.

2. A : Ça va ? J∉ te dérange ?

4. A : Qu'est-ce que tu fais ?

6. A : Ah bon ? Il y a un contrôle ?

3. B : Euh… un peu, je travaille.

5. B : Je révise pour le contrôle.

7. B : Hé oui ! La s∉maine prochaine.

5 Répondeur. Répétez en rythme.

1. Bonjour, vous êtes bien chez Delphine et Thomas.

2. Il n'y a personne.

3. Laissez votr∉ message après l∉ signal.

4. On vous rappelle dès notr∉ r∉tour.

À vous ! Au restaurant. Jouez le rôle A puis le B en rythme.

1. A : Vous avez choisi ?

6. A : Que voulez-vous boire ?

2. B : Oui. Alors, en entrée…

3. B : … une salade folle … et une soupe d'hiver.

4. B : Ensuite, une tarte provençale…

5. B : ….et une pièce de bœuf aux herbes.

7. B : Une bouteille d'eau plate…

8. B : … et un verre de bordeaux.

8 Ça va ? On commence ?

(La montée de la voix dans les questions)

Observez les exemples

Ça va ? ◿   On commence ? ◿   On peut commencer ? ◿

> **Pour poser une question, la voix monte.**

1 = ou ≠ ? Identique ou différent ? Écoutez et choisissez.

	=	≠
Exemple	X	
1		
2		
3		
4		
5		
6		
7		
8		
9		

2 Regardez les corrigés de l'exercice 1, puis répétez-les.

3 Propositions. Posez les questions.

1. Vous vous appelez... ?

2. Vous êtes française ?

3. Vous habitez Paris ?

4. Vous aimez les discothèques ?

5. Vous voulez sortir ?   Ce soir ?

4 Curieux ! Transformez et jouez le rôle B.

Exemple : A : Elle fait un stage.   B : Elle fait un stage ?

1. A : Elle fait un stage.   B : ....

2. A : Elle connaît le chef.   B : ....

3. A : Il est célibataire.   B : ....

4. A : Ils se voient souvent.   B : ....

5. A : C'est sa fiancée.   B : ....

À vous ! Pardon ? Jouez le rôle B.

1. A : Je m'appelle Hippolyte.   **2.** B : Pardon ?   Vous vous appelez comment ?

3. A : J'habite à Pau.   **4.** B : Pardon ?   Vous habitez où ?

5. A : Je suis sénégalais.   **6.** B : Pardon ?   Vous êtes de quelle nationalité?

7. A : Je suis professeur.   **8.** B : Pardon ?   Qu'est-ce que vous faites?

9. A : J'ai 40 (quarante) ans.   **10.** B : Pardon ?   Vous avez quel âge?

11. A : Je suis marié.   **12.** B : Pardon ?   Vous êtes quoi ?

13. A : Et vous ?

9 Ça va. On y va.

(La descente de la voix à la fin des phrases)

Observez les exemples

Ça va ? ◺   Ça va. ◹

On y va ? ◺   On y va. ◹

> À la fin d' une phrase, la voix descend.

1 ◺ ou ◹ ? La voix monte ou la voix descend ? Écoutez et choisissez.

	◺	◹
Exemple	X	
1		
2		
3		
4		
5		
6		
7		
8		
9		

2   Regardez les corrigés de l'exercice 1, puis répétez-les.

3   Présentations. Jouez le rôle d'Antonin.

1. Je m'appelle Antonin.

2. Je suis français.

3. J'ai 20 (*vingt*) ans.

4. J'habite à Marseille.

5. Je suis étudiant.

6. J'aime la musique techno.

7. Je fais du piano.

8. Je joue au tennis.

4   D'accord ! Jouez le rôle A puis le B.

1. A : Oui ?

2. B : Oui.

3. A : D'accord ?

4. B : D'accord.

5. A : Tu veux bien ?

6. B : Je veux bien.

7. A : Tu n'as pas peur ?

8. B : Je n'ai pas peur.

9. A : On peut commencer ?

10. B : On peut commencer.

À VOUS ! Répondez ! Jouez le rôle B.

Exemple : *A : Non ?*   *B : Non.*

À vous !

1.   A : Non ?   B : ....

2.   A : C'est bon ?   B : ....

3.   A : C'est là-bas ?   B : ....

4.   A : C'est* pas fini ?   B : ....

5.   A : Il a commencé ?   B : ....

6.   A : Il ne veut pas parler ?   B : ....

* Style familier pour *Ce n'est pas fini ?*

10 J'aime le rock, le rap et le reggae.
(La montée de la voix quand la phrase n'est pas finie)

Observez l'exemple

J'aime le rock, le rap, le reggae, la techno et l'opéra.

> **Si la phrase n'est pas finie, la voix monte.**

---

1   Un travail difficile ! Écoutez et reliez les phrases aux schémas.

1. Exemple : *Il travaille.*

2. Il travaille dans un supermarché.

3. Il travaille dans un supermarché le matin.

4. Il travaille dans un supermarché le matin, à cinq heures.

5. Il travaille dans un supermarché le matin, de cinq heures à midi.

6. Il travaille tous les samedis dans un supermarché, le matin, de cinq heures à midi.

a.
b.
c.
d.
e.
f.

2   Regardez les corrigés de l'exercice 1, puis répétez-les.

3   Les courses. Demandez les produits.

À la boulangerie :

1. Je voudrais deux baguettes   et six croissants.

Chez le marchand de légumes :

2. Je voudrais de la salade,   des pommes de terre   et des tomates.

4   Caroline, Pedro et les autres. Présentez Caroline, Pedro et Yumiko.

1. Elle s'appelle Caroline,   elle est italienne,   elle a 27 (*vingt-sept*) ans.

2. Il s'appelle Pedro,   il est espagnol,   il habite à Paris.

3. Elle s'appelle Yumiko,   elle est japonaise,   elle est photographe   chez Kenzo.

À VOUS ! Recettes. Dites les recettes.

Exemple : La mousse au chocolat :

A : Du chocolat,

du sucre, des œufs et du beurre.

B : Il faut du chocolat,

du sucre, des œufs et du beurre.

La mousse au chocolat :
A : Du chocolat, du sucre, des œufs
et du beurre.

B : ....

La soupe au potiron :
A : De l'eau, des carottes, un potiron et du sel.

B : ....

11 À 14 (quatorze) heures, il faut partir !

(Synthèse rythmique et mélodique)

Observez les exemples

À quatorze heures,   il faut partir.

Il faut partir   à 14 heures.

> Les groupes rythmiques correspondent souvent à une idée.
> On se fait mieux comprendre en marquant les groupes rythmiques
> et **en respectant le rythme et l'intonation**.

---

1 Écoutez et dessinez suivant l'exemple.

Exemple : *Une semaine au Mexique*.

1. Une semaine au Mexique.
2. Au Mexique, une semaine.
3. On va partir lundi prochain.
4. Lundi prochain, on va partir.
5. Pendant une semaine, on va voyager.
6. On va voyager pendant une semaine.
7. On va rentrer le 21 (*vingt et un*).
8. Le 21 (*vingt et un*), on va rentrer.
9. C'est trop court, les vacances.
10. Les vacances, c'est trop court.

2 Écoutez une deuxième fois les exemples de la page de gauche, puis répétez-les.
Regardez les corrigés de l'exercice 1 puis répétez-les.

3 Comment ? Jouez le rôle A puis le rôle B.

1. A : Pour dîner chez ma mère.

2. B : Chez ta mère ? Pour dîner ?

3. A : Oui. Après ton cours, mercredi soir.

4. B : Mercredi soir ? Après mon cours ?

5. A : Oui. Je viens te chercher à la sortie

6. B : À la sortie ? Tu viens me chercher ?

7. A: Au café, à 7 (*sept*) heures.

8. B : À 7 (*sept*) heures ? Au café ?

4 Précisions. Dites les phrases.

1. S'il vous plaît.

2. Un petit peu, s'il vous plaît.

3. Juste un petit peu, s'il vous plaît.

4. Encore un petit peu, s'il vous plaît.

5. Encore un tout petit peu, s'il vous plaît.

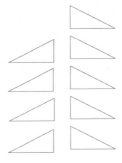

5 Un message.
Écoutez et soulignez les groupes rythmiques. Puis, lisez en même temps que l'enregistrement.

Le 14 (*quatorze*) mai

Chère Kathryn,

Je te remercie pour ta réponse à mon annonce sur Internet.

Depuis longtemps, je recherche une correspondante comme toi.

Tu m'écris en allemand et je te réponds en français, d'accord ?

À VOUS ! Imprécisions. Répétez.

1. Je ne sais pas.

2. Là, je ne sais pas.

3. Là-bas, je ne sais pas.

4. Par là-bas, je ne sais pas.

5. Là-bas peut-être, je ne sais pas.

12 Mariée, ou célibataire ?

(Le « e » final non prononcé)

Observez les exemples

Elle s'appelle Marie. Elle est mariée, ou célibataire ?

> **On ne prononce pas le « e » (on n'entend pas ə) à la fin des mots.**

1 Écoutez et soulignez ce que vous entendez, puis indiquez le nombre de syllabes.

			Nombre de syllabes ?
Exemple	*courage*	*courageux*	2
1	heure	euro	
2	heure	heureux	
3	nuage	nuageux	
4	neuve	neveu	
5	fatigue	fatigué	
6	arrête	arrêter	
7	mètre	métro	
8	porte	porté	
9	fête	fêter	

EXERCICES

2 Regardez les corrigés de l'exercice 1, puis répétez-les.

3 Garçon ou fille ? Jouez la fille et le garçon.

1. J̲e m'appell¢ Pascal.　　　=　　**2.** J̲e m'appell¢ Pascal¢.

3. J̲e m'appell¢ Michel.　　　=　　**4.** J̲e m'appell¢ Michèl¢.

5. J̲e m'appell¢ Daniel.　　　=　　**6.** J̲e m'appell¢ Daniell¢.

7. J̲e m'appell¢ Frédéric.　　=　　**8.** J̲e m'appell¢ Frédériqu¢.

4 Enchanté ! Jouez le rôle A puis le rôle B.

1. A : J̲e m'appell¢ Basil¢.　　　**2.** B : J̲e m'appell¢ Carolin¢.

3. A : J̲e suis célibatair¢.　　　　**4.** B : J̲e suis marié¢.

5. A : J̲e travaill¢ dans la polic¢.　**6.** B : J̲e travaill¢ dans la mod¢.

7. A : Enchanté !　　　　　　　　**8.** B : D̲e mêm¢!

5 Dans une pièce… Dites le poème.

1. Dans un¢ pièc¢, un¢ tabl¢.

2. Sur la tabl¢, un coffr¢.

3. Dans l̲e coffr¢, des livr¢s.

4. Sous les livr¢s, un¢ montr¢.

5. Un¢ montr¢, superb¢ !

À VOUS ! Lui et elle. Répondez puis jouez le rôle B.

Exemple : *A : Lui : marié.*　　　　　*B : Elle : marié¢.*

1.　A : Lui : marié.　　　　　B : Elle : ....

2.　A : Lui : employé.　　　　B : Elle : ....

3.　A : Lui : invité.　　　　　B : Elle : ....

4.　A : Lui : fatigué.　　　　　B : Elle : ....

5.　A : Lui : désolé.　　　　　B : Elle : ....

13 Vous parle**z** japonai**s** ?
(La consonne finale non prononcée)

Observez les exemples

Vou**s** parle**z** japonai**s** ?   No**n**, nou**s** somme**s** thaïlandai**s** !

Il**s** parle**nt** troi**s** langue**s** ?   Oui, alleman**d**, italie**n** e**t** anglai**s** ; c'e**st** beaucou**p** !

En général, on ne prononce pas les dernières consonnes écrites des mots.

---

1   Quel mot entendez-vous ? Écoutez et soulignez ce que vous entendez.

	Ne finit pas par une consonne **prononcée** (masculin)	Finit par une consonne prononcée (féminin)
Exemple :	*anglais*	*anglaise*
1	étudiant	étudiante
2	étranger	étrangère
3	amoureux	amoureuse
4	allemand	allemande
5	dernier	dernière
6	brésilien	brésilienne
7	mexicain	mexicaine
8	coréen	coréenne
9	chinois	chinoise

2 Écoutez une deuxième fois les exemples de la page de gauche, puis répétez-les.
Regardez les corrigés de l'exercice 1, puis répétez-les.

3 Conjugaison ! Dites les conjugaisons.

1. Je bois. Tu bois. Elle boit.

2. Je lis. Tu lis. On lit.

3. Je peux. Tu peux. Il peut.

4. Je pars. Tu pars. On part.

5. Tu dînes. Elle dîne. Elles dînent.

4 D'accord ! Répondez puis jouez le rôle B.

Exemple : *A : Tu viens ?*   *B : Oui, je viens !*

1. A : Tu viens ?   B : Oui, ...

2. A : Tu bois ?   B : ....

3. A : Tu veux ?   B : ....

4. A : Tu finis ?   B : ....

5. A : Tu peux venir ?   B : ....

À vous ! Criez ! Répétez. Jouez le rôle A puis le B.

Exemple : *A : Elles sont japonaises.*   *B : Vous parlez japonais ?*

1. A : Elles sont japonaises.   B : ....

2. A : Elles sont françaises.   B : ....

3. A : Elles sont coréennes.   B : ....

4. A : Elles sont anglaises.   B : ....

5. A : Elles sont allemandes.   B : ....

6. A : Elles sont italiennes.   B : ....

7. A : Elles sont américaines.   B : ....

14 ⌐J'aime ⌐l'été, je ⌐n'aime pas ⌐l'hiver !
(L'élision)

Observez les exemples

Les amis	☐☐☐ 3 syllabes	⌐**L'a**mi ☐☐ 2 syllabes
Une école	☐☐☐ 3 syllabes	⌐**L'é**cole ☐☐ 2 syllabes
Tu arrives	☐☐☐ 3 syllabes	⌐**J'a**rrive ☐☐ 2 syllabes

Devant un mot qui commence par une voyelle ou un « h »,
j', **m'**, **t'**, **s'**, **l'**, **c'**, **n'**, **et d'** forment une syllabe avec la voyelle initiale du mot qui suit.
C'est l'élision. (Certains « h » sont « irréguliers ».)

---

1 Élision ou pas ? Écoutez et soulignez ce que vous entendez

	Élision	Pas d'élision
Exemple : *j'adore.*	*j'*	*je*
1. ......déteste.	j'	je
2. ......mer.	l'	la
3. ......addition.	l'	la
4. ......hôtel.	l'	le
5. pas ......amis.	d'	de
6. pas ......copains.	d'	de
7. ......amis.	l'	les
8. elle ......est pas là.	n'	ne
9. ......est fini !	c'	ce

2 Écoutez une deuxième fois les exemples de la page de gauche, puis répétez-les.
Regardez les corrigés de l'exercice 1, puis répétez-les.

3 Quelle langue parlent-ils?

Exemple : *A : Quelle langue parlent les Anglais ?*   *B : Les Anglais ? L'anglais.*

1. A : Quelle langue parlent les Anglais ?   B : ....

2. A : Quelle langue parlent les Allemands?   B : ....

3. A : Quelle langue parlent les Espagnols?   B : ....

4. A : Quelle langue parlent les Italiens?   B : ....

5. A : Quelle langue parlent les Albanais?   B : ....

4 Je n'ai rien !

Exemple : *A : Tu as des amis ?*   *B : Non, je n'ai pas d'amis.*

1. A : Tu as des amis ?   B : ....

2. A : Tu as des enfants ?   B : ....

3. A : Tu as des idées ?   B : ....

4. A : Tu as des euros ?   B : ....

5. A : Tu as des histoires ?   B : ....

À vous ! Oui ! Oui ! Répondez puis jouez le rôle B.

Exemple : *A : Tu arrives ?*   *B : Oui, oui, j'arrive !*

1. A : Tu arrives ?   B : ....

2. A : Tu appelles ?   B : ....

3. A : Tu écris ?   B : ....

4. A : Tu écoutes ?   B : ....

5. A : Tu hésites ?   B : ....

15 Samedi ? Pas de problème !

(Le « e » non prononcé - la chute du /ə/)

Observez les exemples

Samedi

same	di

À demain

àde	main

Tu le sais

tule	sais

Pas de problème

pade	pro	blème

> On ne prononce pas toujours le « e » (on n'entend pas le son ə)
> à l'intérieur du mot ou du groupe de mots.

1 Écoutez et indiquez le nombre de syllabes.

	2 syllabes	3 syllabes	4 syllabes	5 syllabes
Exemple : *Tu reviens quand ?*		X		
1. Dans deux semaines.				
2. Au revoir !				
3. Un petit café ?				
4. Tu ne veux pas ce café ?				
5. Tu ne bois pas ?				
6. Il s'est cassé le bras !				
7. Il n'a pas de chance !				

2 Regardez les corrigés de l'exercice 1, puis répétez-les.

3 Au revoir ! Répétez.

1. À tout de suite !

à	tout de	suite

2. À demain matin !

àde	main	ma	tin

3. À samedi !

à	same	di

4. À la semaine prochaine !

à	lase	maine	pro	chaine

5. Au revoir !

aure	voir

4 Bon appétit ! Dites les magasins.

1. L'épicerie.

l'é	pice	rie

2. La boulangerie.

la	bou	lange	rie

3. La pâtisserie.

la	pâ	tisse	rie

4. La boucherie.

la	bouche	rie

5. La charcuterie.

la	char	cute	rie

5 Non, non et non !

Exemple : *A : Tu peux ?   B : Non, je ne peux pas !*

jene	peux	pas

1. A : Tu peux ?   B : ....

2. A : Tu veux ?   B : ....

3. A : Tu dors ?   B : ....

4. A : Tu bois ?   B : ....

5. A : Tu comprends ?   B : ....

À vous ! À table ! Jouez le rôle B.

Exemple : *A : Le sel ?   B : Oui, passe-moi le sel, s'il te plaît!*

passe	moile	sel

1. A : Le sel ?   B : ....

2. A : Le pain ?   B : ....

3. A : Le plat ?   B : ....

4. A : Le vin ?   B : ....

5. A : Le fromage ?   B : ....

B : Merci !

16

I‿l habi‿te à Paris !
E‿lle habi‿te à Paris !
(L'enchaînement consonantique)

Observez les exemples

I‿l habi‿te à Paris

ilabitapari

i	la	bi	ta	pa	ri

E‿lle habi‿te à Paris

èlabitapari

è	la	bi	ta	pa	ri

> Dans un groupe, la voix ne s'arrête pas entre les mots.
> On prononce la consonne finale d'un mot
> avec la voyelle initiale du mot qui suit.
> On forme une nouvelle syllabe orale.
> **C'est l'enchaînement consonantique.**

1 « lil », « dil », « til », « nil » ? **Écoutez et choisissez.**

	« lil »	« dil »	« til »	« nil »
Exemple : *Une île.*				X
1. Cette île.				
2. Une belle île.				
3. Une petite île.				
4. Une grande île.				
5. Une nouvelle île				

2 Regardez les corrigés de l'exercice 1, puis répétez-les.

3 Il habite à Paris. Répétez.

1. Il habite à Paris. - Elle habite à Paris.

2. Il est là. - Elle est là.

3. Quel ami ? - Quelle amie ?

4. Quel artiste ! - Quelle artiste !

4 Qui es-tu ?

Exemple : A : *Quelle est sa nationalité ? B : Quelle est ta nationalité ?*

1. A : Quelle est sa nationalité ?   B : ....

2. A : Quel est son âge ?   B : ....

3. A : Quelle est sa profession ?   B : ....

4. A : Quelle est son adresse ?   B : ....

5. A : Quel est son numéro de téléphone ?   B : ....

5 Elle a quel âge ?

Exemple : A : *Trente ans.*   B : *Elle a trente ans !*

1. A : Trente ans.   B : ....

2. A : Soixante ans.   B : ....

3. A : Treize ans.   B : ....

4. A : Quatre ans.   B : ....

À vous ! Elle habite où ? Jouez le rôle A.

Exemple :

A : *Elle habite à Paris ?*   B : *Non, à Marseille.*   A : *Elle habite à Marseille ?*

1. B : Non, à Marseille.   A : Elle habite à Marseille ?

2. B : Non, à Toulouse.   A : ....

3. B : Non, à Bordeaux.   A : ....

4. B : Non, à Nice.   A : ....

5. B : Non, à Lyon.   A : ....

6. B : Oui ! Elle habite à Lyon.

17 Tu es à Tahiti !
(L'enchaînement vocalique)

Observez les exemples

Ohé !	o	hé				

Théâtre.	thé	âtre				

Sahara.	sa	ha	ra			

Aéroport.	a	é	ro	port		

Tu es à Tahiti !	tu	es	à	ta	hi	ti

Tu es au théâtre ?	tu	es	au	thé	âtre	

> La voix ne s'arrête pas entre les mots. Deux voyelles qui se suivent forment deux syllabes. On ne coupe pas la voix entre ces deux voyelles.
> **C'est l'enchaînement vocalique.**

1 Écoutez et indiquez le nombre de syllabes.

	2 syllabes	3 syllabes	4 syllabes	5 syllabes	6 syllabes
Exemple : *Ohé !*	X				
1					
2					
3					
4					
5					
6					

2   Regardez les corrigés de l'exercice 1, puis répétez-les.

3   Moyens de transport. Répétez.

1. Tu as un vélo ?

2. Tu as une voiture ?

3. Tu as un bateau ?

4. Tu as une moto ?

5. Tu as aussi une paire de chaussures !

4   Beaucoup d'amies !

Exemple : *A : J'ai une amie...*

B : Anglaise ?   *A : J'ai une amie anglaise.*

1. B : Espagnole ?   A : ....

2. B : Américaine ?   A : ....

3. B : Allemande?   A : ....

4. B : Indienne ?   A : ....

5. B : Angolaise ?   A : ....

6. B : Italienne ?   A : ....

À vous ! Rendez-vous. Répondez puis jouez le rôle B.

Exemple : *A : Rendez-vous ici ?*   *B : D'accord, rendez-vous ici.*

1. A : Rendez-vous ici ?   B : ....

2. A : Rendez-vous au café ?   B : ....

3. A : Rendez-vous au cinéma ?   B : ....

4. A : Rendez-vous à la cafétéria ?   B : ....

5. A : Rendez-vous au restaurant ?   B : ....

18 Ils ont un enfant !
(La liaison)

Observez les exemples

Un neuf   =   un œuf   Mon nombre   =   mon ombre

Désert   =   des airs   C'est tout vert   =   c'est ouvert

> La voix ne s'arrête pas entre les mots. Dans certains cas, on prononce la lettre finale d'un mot avec la voyelle initiale du mot qui suit. On forme une nouvelle syllabe orale.
> **C'est la liaison.**

1 Écoutez et choisissez : [nami], [zami] ou [tami].

	[zami]	[nami]	[tami]
Exemple : *Des amis.*	X		
1. Nos amis.			
2. Les amis.			
3. Petit ami.			
4. Deux amis.			
5. Trois amis.			
6. Vingt amis.			
7. Un ami.			
8. Un grand ami.			

2 Écoutez une deuxième fois les exemples de la page de gauche, puis répétez-les.
Regardez les corrigés de l'exercice 1, puis répétez-les.

3 Histoire d'été ! Dites les phrases.

1. Un copain - Un ami.

2. Son bras - Son épaule.

3. Un printemps - Un été.

4. On déteste - On aime.

5. On téléphone - On espère.

6. Mon copain - Mon ami.

4 Jouez les rôles A et B.

1. A : Vous arrivez ?

2. B : On arrive.

3. A : Et tes amis ?

4. B : Ils arrivent demain.

5. A : Vous y allez ?

6. B : On y va.

7. A : Et tes amies ?

8. B : Elles y vont.

5 En avion !

Exemple : A : Des...   B : Des avions.

1. A : Des...   B : ....

2. A : Vingt...   B : ....

3. A : Un....   B : ....

4. A : Un petit...   B : ....

5. A : Le dernier...   B : ....

6. A : Mon...   B : ....

À vous ! Mais où est-ce ? Répondez puis jouez le rôle B.

Exemple : A : Où est la France ?   B : La France est en Europe.

1. A : Où est la France ?   B : ....

2. A : Où est la Chine ?   B : ....

3. A : Où est le Chili ?   B : ....

4. A : Où est l'Australie ?   B : ....

5. A : Où est le Sénégal ?   B : ....

Document complémentaire n° 1

Exercice de lecture

Une jeune voleuse de 19 ans est interrogée par un juge d'instruction.

LE JUGE – Et l'argent ? Alors, je vous écoute !

LOUISE – On me l'a donné.

LE JUGE – « On » vous l'a donné ? Qui ?

LOUISE – Mon ami.

LE JUGE – Ah ! Parce que vous avez un ami. Quel est son nom ?

LOUISE – Hippolyte.

LE JUGE – Hippolyte comment ?

LOUISE – Je ne sais pas !

LE JUGE – Vous ne connaissez pas son nom de famille ?

LOUISE – Non. Il ne me l'a jamais dit.

LE JUGE – Ah, c'est bizarre ! Comment est-il ?

LOUISE – Comment est-il ?

LE JUGE – Oui, comment il est ? Petit ? Grand ?

LOUISE – Il est… grand.

LE JUGE – Grand.

LOUISE – Brun.

LE JUGE – Hum !

LOUISE – Avec des yeux bleus.

LE JUGE – Oui.

LOUISE – Il est très beau !

LE JUGE – Ah, ça… ! Quel âge ?

LOUISE – Vingt ans… Oh non, non, vingt-cinq.

LE JUGE – Comment est-il habillé en général ?

LOUISE – Il a toujours des costumes anglais et puis… des chaussures italiennes. Oh, il est très élégant !

LE JUGE – Il a une voiture ?

LOUISE – Oui, une voiture de sport, blanche… avec des sièges en cuir noir. C'est une voiture allemande.

LE JUGE – Quelle est sa profession ?

LOUISE – Il… Il est étudiant.

LE JUGE – Hmm… Il a vingt-cinq ans, il porte des costumes anglais, il possède une voiture de sport allemande et il est étudiant !

LOUISE – Oui, ses parents sont très riches, ils lui donnent beaucoup d'argent.

LE JUGE – Écoutez, Mademoiselle. Arrêtez ! Vous ne dites pas la vérité.

LOUISE – Mais Monsieur…

LE JUGE – Non, taisez-vous ! Votre… Hippolyte n'existe pas. Vous l'avez inventé ! C'est un personnage de bande dessinée !

D'après *Les Maîtres du Mystère : Première Comparution* d'Alain FRANCK,
INA, 1re diffusion le 22/10/1968 sur France Inter (ORTF).

Les sons spécifiques du français

_____ L**u**ne /y/

Vous pouvez étudier à nouveau la voyelle /y/ dans la troisième partie (leçons 42 et 48).

_____ **Z**éro /z/

Vous pouvez étudier à nouveau la consonne /z/ dans la troisième partie (leçon 44).

_____ **D**e**ux** /Œ/

Vous pouvez étudier à nouveau la voyelle /Œ/ dans la troisième partie (leçons 41, 42, 47, 49 et 50).

_____ C**e**nt /ɑ̃/

Vous pouvez étudier à nouveau la voyelle /ɑ̃/ dans la troisième partie (leçons 43, 51 et 55).

_____ D**ou**ze /u/

Vous pouvez étudier à nouveau la voyelle /u/ dans la troisième partie (leçons 48 et 50).

_____ Te**rr**e /ʀ/

19 Un livre sur la peinture.

(Les voyelles /i/ - /y/)

Observez les exemples

6

six

lune

livre	*peinture*
/i/	/y/
Les lèvres sont tirées.	Les lèvres sont arrondies.

---

1 = ou ≠ ? Identique ou différent ? Écoutez et choisissez.

	Exemple	1	2	3	4	5
=						
≠	X					

2 /i/ ou /y/ ? Écoutez et choisissez.

		Exemple	1	2	3	4	5
/i/	six						
/y/	lune	X					

3 **Répétez.**

1. /i/   S<u>i</u>x v<u>i</u>lles.

2. /y/   <u>U</u>ne r<u>ue</u>.

3. /i/ - /y/   Il s'amuse.

4. /y/ - /i/   Tu étudies.

4 **Regardez les corrigés des exercices 1 et 2, puis répétez-les.**

5 **Qu'est-ce que tu lis ? Jouez le dialogue.**

1. A : Je lis un livre sur la peinture.   **2.** B : Tu lis un livre sur la peinture !

3. A : Je lis un livre sur la sculpture.   **4.** B : Tu lis un livre sur la sculpture !

5. A : Je lis un livre sur les légumes.   **6.** B : Tu lis un livre sur les légumes !

7. A : Je lis un livre sur les voitures.   **8.** B : Un livre sur les voitures !

     9. B : Tu lis vraiment beaucoup !

6 **Fumer avec un rhume… Jouez le rôle A puis le B.**

1. A : Il a un rhume et il fume !   **2.** B : Avec un rhume, il ne fume plus !

3. A : Si, il fume de plus en plus !   **4.** B : Il faut qu'il ne fume plus !

À vous ! Il est trop occupé !

Exemple : *A : Il lit dix pages ?*   *B : Pas dix pages, une.*

1. A : Il lit dix pages ?   B : ....

2. A : Il écrit dix lignes ?   B : ....

3. A : Il signe dix lettres ?   B : ....

4. A : Il attend dix minutes ?   B : ....

Poèmes et chansons.

C'était dans la nuit brune,
Sur le clocher jauni,
La lune
Comme un point sur un « i ».
Poème, Alfred de Musset

20 Il a de la confiture sur la bouche.

(Les voyelles /y/ - /u/)

Observez les exemples

lune

12

douze

confiture /y/	*bouche* /u/
La langue est très en avant. La voyelle est aiguë.	La langue est très en arrière. La voyelle est très grave.

1   = ou ≠ ? **Identique ou différent ? Écoutez et choisissez.**

	Exemple	1	2	3	4	5
=						
≠	X					

2   /y/ ou /u/ ? **Écoutez et choisissez.**

	Exemple	1	2	3	4	5
/y/ lune	X					
/u/ douze						

3 **Répétez.**

1. /y/   S<u>u</u>r. - Dess<u>u</u>s.

2. /u/   S<u>ou</u>s. - Dess<u>ou</u>s.

3. /y/ - /u/   Une tour.

4. /u/ - /y/   Douze ceintures.

4 **Regardez les corrigés des exercices 1 et 2, puis répétez-les.**

5 **C'est sûr ?**

Exemple : *A : C'est sûr ?*   *B : Tout à fait sûr.*

1. A : C'est sûr ?   B : ....

2. A : C'est juste ?   B : ....

3. A : C'est nul* ?   B : ....

4. A : C'est curieux ?   B : ....

* Nul = 0

6 **À nous ?**

Exemple : *A : Je téléphone*   *B : À nous ? Tu nous téléphones ?*

À nous !

1. A : Je téléphone.   B : ....

2. A : Je parle.   B : ....

3. A : J'écris.   B : ....

4. A : J'explique.   B : ....

À vous ! **Tu parles quelles langues ?**

Exemple : *A : Tu aimes parler le russe ?*   *B : L<u>e</u> russe ? Beaucoup !*

1. A : Tu aimes parler le russe ?   B : ....

2. A : Tu aimes parler le turc ?   B : ....

3. A : Tu aimes parler le portugais ? B : ....

4. A : Tu aimes parler le suédois ?   B : ....

Poèmes et chansons.

Loup où es-tu ? (…)

Mon petit loup que fais-tu ? (…)

Loup ô mon loup, où êtes-vous ?

Loup où es-tu ?, chanson, Charles Trenet

21 Il est ridic**u**le, ce m**on**si**eur** !
(Les voyelles /y/ - /œ/)

Observez les exemples

lune

2

deux

ridicule	*monsieur*
/y/	/œ/
La bouche est plus fermée.	La bouche est moins fermée.
Les muscles sont plus tendus.	Les muscles sont moins tendus.

1 = ou ≠ ? Identique ou différent ? Écoutez et choisissez.

	Exemple	1	2	3	4	5
=						
≠	X					

2 /œ/ ou /y/ ? Écoutez et choisissez.

	Exemple	1	2	3	4	5
/y/ lune						
/œ/ deux	X					

3 **Répétez.**

1. /y/   Tu t'excuses.

2. /œ/   Je veux.

3. /y/ - /œ/   Tu veux.

4. /œ/ - /y/   Veux-tu ?

4 **Regardez les corrigés des exercices 1 et 2, puis répétez-les.**

5 **Rendez-vous.**

Exemple : *A : Rendez-vous mercredi.*   *B : À quelle heure tu peux, mercredi ?*

1. A : Rendez-vous mercredi.   B : ....

2. A : Rendez-vous vendredi.   B : ....

3. A- Rendez-vous mardi.   B : ....

4. A : Rendez-vous jeudi.   B : ....

6 **Une, pas deux.**

Exemple : *A : Tu veux deux pommes ?*   *B : Une pomme, pas deux.*

1. A : Tu veux deux pommes ?   B : ....

2. A : Tu veux deux poires ?   B : ....

3. A : Tu veux deux pêches ?   B : ....

4. A : Tu veux deux prunes ?   B : ....

À vous ! Beaucoup de garçons !

Exemple : *A : Il a combien de frères, Luc ?*   *B : Luc ? Deux, bien sûr !*

1. A : Il a combien de frères, Luc ?   B : ....

2. A : Il a combien de frères, Jules ?   B : ....

3. A : Il a combien de frères, Auguste ?   B : ....

4. A : Il a combien de frères, Marius ?   B : ....

Poèmes et chansons.

La terre est bleue comme une orange.

Poème, Paul Éluard

22 Il est t**u**rc, sa femme est s**ui**sse.

(La voyelle /y/ - la syllabe /ɥi/)

Observez les exemples

lune

8

huit

turc	suisse
/y/	/ɥi/
Les lèvres sont arrondies.	Les lèvres passent d'arrondies à tirées.
La position est statique.	Le mouvement est dynamique.

1 = ou ≠ ? Identique ou différent ? Écoutez et choisissez.

	Exemple	1	2	3	4	5
=						
≠	X					

2 Indiquez le nombre de syllabes.

	1 syllabe	2 syllabes	3 syllabes
Exemple		X	
1			
2			
3			
4			
5			

3   Répétez.

1. /y/   T<u>u</u> as v<u>u</u>.

2. /ɥi/   C'est la n<u>ui</u>t.

3. /y/ - /ɥi/   Tu lui dis.*

4. /ɥi/ - /y/   Je suis sûr.

* Style familier pour « Tu le lui dis. »

4   Regardez les corrigés des exercices 1 et 2, puis répétez-les.

5   L'orage. Jouez le rôle A puis le B.

1. A : Tu as entendu ce bruit ?

2. B : Tu es bête, c'est la pluie !

3. A : Quelle pluie, toute la nuit !

4. B : Et quel bruit, toute la nuit !

6   Tout de suite !

Exemple : *A : Je fais les courses plus tard ?*   *B : Non, tu les fais tout de suite !*

1. A : Je fais les courses plus tard ?   B : ....

2. A : Je lave les salades plus tard ?   B : ....

3. A : Je sors les fromages plus tard ?   B : ....

4. A : Je sers les fruits plus tard ?   B : ....

5. A : Je coupe les gâteaux plus tard ?   B : ....

À vous ! Une seule...

Exemple : *A : Cet appartement a combien de chambres ?*   *B : Lui, il n'en a qu'une !...*

1. A : Cet appartement a combien de chambres ?   B : ....

2. A : Cet appartement avait combien de chambres ?   B : ....

3. A : Cet appartement aura combien de chambres ?   B : ....

    Poèmes et chansons.

Cui cui cui, dit un moineau gris

Je suis le maître de Paris (…)

Cui cui cui, dit un moineau gris.

Chanson enfantine

23   <u>Une</u> fille ou <u>un</u> garçon ?

(La syllabe /yn/ - la voyelle /Ẽ/= féminin ou masculin)

Observez les exemples

lune

1

un

une	*un*
/yn/	/Ẽ/
Féminin	Masculin
Voyelle orale + n	Voyelle nasale
Les lèvres sont arrondies.	Les lèvres sont tirées.

1   **Écoutez et soulignez ce que vous entendez.**

Exemple	<u>*Un concierge*</u>	*Une concierge*
1	Un journaliste	Une journaliste
2	Un libraire	Une libraire
3	Un dentiste	Une dentiste
4	Un élève	Une élève
5	Un ami	Une amie
6	C'est un violoniste	C'est une violoniste
7	C'est un géographe	C'est une géographe
8	C'est un pianiste	C'est une pianiste
9	C'est un archéologue	C'est une archéologue
10	C'est un artiste	C'est une artiste

2   Regardez le corrigé de l'exercice 1, puis répétez-le.

3   Garçon !

Exemple : *A : Garçon, un café, s'il vous plaît !*   *B : Un café, un !*

1. A : Garçon, un café, s'il vous plaît !   B : ....

2. A : Garçon, un coca, s'il vous plaît !   B : ....

3. A : Garçon, une bière, s'il vous plaît !   B : ....

4. A : Garçon, une vodka, s'il vous plaît !   B : ....

4   Il me faut beaucoup de choses...

Exemples : *A : Il me faut un crayon.*   *B : En voilà un !*

     A : J'ai besoin d'une gomme.   *B : En voilà une !*

1. A : Il me faut un crayon.   B : ....

2. A : J'ai besoin d'une gomme.   B : ....

3. A : Tu aurais une cassette ?   B : ....

4. A : Je voudrais un disque.   B : ....

5. A : Vous auriez une valise ?   B : ....

6. A : Je cherche un sac.   B : ....

À vous ! Un ou deux ?

Exemples : *A : J'ai trouvé un gant.*   *B : Un seul ?*

     A : J'ai oublié une botte.   *B : Une seule ?*

1. A : J'ai trouvé un gant.   B : ....

2. A : J'ai oublié une botte.   B : ....

3. A : J'ai cassé un ski.   B : ....

4. A : J'ai lavé une chaussette.   B : ....

5. A : J'ai perdu une chaussure.   B : ....

**   Poèmes et chansons.

Un garçon mange un pain
Une fille mange une prune
Un pain, ce n'est pas rien,
Une prune, ce n'est pas la lune !

Petit poème

24 Un Japonais et une Suédoise.

(Absence ou présence de /z/ final)

Observez les exemples

0

s̸ non prononcé   zéro

japonais̸	*suédoise*
je lis̸	*ils̸ lisen̸t̸*
Masculin.	/z/
Verbe au singulier.	Féminin.
On ne prononce pas	Verbe au pluriel.
– le « s » à la fin des mots,	« -se » se prononce /z/,
– le « x » à la fin des mots.	« -sent » se prononce /z/.

1 Écoutez et soulignez ce que vous entendez.

Exemple	*des Japonais*	*des Japonaises*
1	des Suédois	des Suédoises
2	des Danois	des Danoises
3	des Français	des Françaises
4	des Polonais	des Polonaises
5	des Libanais	des Libanaises

2 Entendez-vous le son /z/ à la fin des mots suivants ? Choisissez.

	Exemple	1	2	3	4	5
J'entends /z/						
Je n'entends pas /z/	X					

3   **Répétez.**

1. *Masculin – Féminin* /z/   Un Françai_s_. – Une Françai_se_.

2. *Singulier – Pluriel* /z/   Je li_s_. – Elles li_s_ent.

4   **Regardez les corrigés des exercices 1 et 2, puis répétez-les.**

5   **Elle aussi !**

Exemple : A : Il est bien sérieux !   *B : Elle aussi, elle est bien sérieuse !*

1. A : Il est bien sérieux !   B : ....

2. A : Il est bien joyeux !   B : ....

3. A : Il est bien silencieux !   B : ....

4. A : Il est bien paresseux !   B : ....

6   **Ah, l'amour ! Dites cette histoire.**

1. Françoise est amoureuse de François,

2. mais François est amoureux de Denise…

3. Denise est amoureuse de Denis,

4. et Denis est amoureux de Françoise.

5. Quelle histoire !

À VOUS ! Elle a un fort accent.

Exemple : A : Elle est portugaise ?   *B : Je crois. Elle a l'accent portugais !*

1. A : Elle est portugaise ?   B : ....

2. A : Elle est suédoise ?   B : ....

3. A : Elle est japonaise ?   B : ....

4. A : Elle est chinoise ?   B : ....

Poèmes et chansons.

Paris n'est pas tout gris,
Orléans n'est pas grand,
Bordeaux n'est pas très gros,
Toulouse est la ville rose.

Petit poème

25 Deux sœurs, Lisa et Louise.
(Les consonnes /s/ - /z/)

Observez les exemples

si

0

zéro

sœur	*Lisa*
ils sont	*ils ᵤ ont*
/s/	/z/

Il n'y a pas de vibration.
La consonne est sourde.
Les muscles sont plus tendus.

Il y a une vibration.
La consonne est sonore.
Les muscles sont moins tendus.

1   = ou ≠ ? **Identique ou différent ? Écoutez et choisissez.**

	Exemple	1	2	3	4	5
=						
≠	X					

2   /s/ ou /z/ : « ils sont » ou « ils ont » ? **Écoutez et choisissez.**

	Exemple	1	2	3	4	5
/s/ Ils sont						
/z/ Ils ᵤ ont	X					

3 **Répétez.**

1. /s/　　　Di_x_. – _S_ept.

2. /z/　　　Dou_z_e. – _Z_éro.

3. /s/ - /z/　Elles sont douze.

4. /s/ - /z/　Elle a six ͜ ans.

4 **Regardez les corrigés des exercices 1 et 2, puis répétez-les.**

5 **Parce que... Dites ces phrases.**

1. Ils sont au restaurant. – Ils ͜ ont faim.

2. Ils sont au café. – Ils ont soif.

3. Ils sont chez le médecin. – Ils ont mal.

4. Ils sont près de la fenêtre. – Ils ont chaud.

5. Ils sont près du radiateur. – Ils ont froid.

6 **Louise et Lisa. Répétez.**

1. Voici Louise, voici sa sœur Lisa.

2. Louise a dix ͜ ans.

3. Lisa a six ͜ ans de plus que Louise.

4. Quel âge a Lisa ?

5. Lisa a seize ͜ ans.

À vous ! Combien sont-ils ?

Exemple : *A : Ils sont quinze.*　　　*B : Ils sont bien quinze ?*

1. A : Ils sont quinze.　　　B : ....

2. A : Ils sont douze.　　　B : ....

3. A : Ils sont quatorze.　　B : ....

4. A : Ils sont seize.　　　B : ....

Poèmes et chansons.

Mesdames, mesdemoiselles, mes yeux
Ont pleuré pour de beaux messieurs
Mesdames..., chanson, Serge Gainsbourg

26 Elle visite le Japon.
(Les consonnes /z/ - /ʒ/)

Observez les exemples

0

zéro

jardin

visite /z/	Japon /ʒ/
Les lèvres sont tirées. La langue est en bas.	Les lèvres sont arrondies. La langue est en haut.

1 = ou ≠ ? Identique ou différent ? Écoutez et choisissez.

	Exemple	1	2	3	4	5
=						
≠	X					

2 /z/ ou /ʒ/ ? Écoutez et choisissez.

	Exemple	1	2	3	4	5
/z/ zéro	X					
/ʒ/ jardin						

EXERCICES

3 **Répétez.**

1. /z/   Elles lisent.

2. /ʒ/   Elles mangent.

3. /z/ - /ʒ/   Elle ‿z ont joué.

4. /ʒ/ - /z/   Elles mangent des ‿z olives.

4 **Regardez les corrigés des exercices 1 et 2, puis répétez-les.**

5 **Vacances de neige. Racontez leurs vacances.**

1. Ils ‿z aiment la neige.

2. Ils ‿z ont choisi Megève.

3. Ils ‿z ont fait leurs bagages.

4. Bon voyage !

6 **Mes amis…**

Exemple : *A : Tu les ‿z as vus ?*   *B : Je les ‿z ai vus.*

1. A : Tu les as vus ?   B : ……………………………………

2. A : Tu les as rencontrés ?   B : ……………………………………

3. A : Tu les as invités ?   B : ……………………………………

4. A : Tu les as reçus ?   B : ……………………………………

À vous ! Pardon ?

Exemple : *A : Ça commence par « G ».*   *B : Pardon, vous ‿z avez dit « G » ?*

1. A : Ça commence par « G ».   B : ………………………………………

2. A : Ça commence par « J ».   B : ………………………………………

3. A : Ça commence par « Z ».   B : ………………………………………

Poèmes et chansons.

Bizarre, j'ai dit bizarre ?
Comme c'est bizarre !

Drôle de drame, dialogue de film, Jacques Prévert

27 Appelle-les ! Fais-le !

(Les voyelles /ɛ/ - /ə/

Observez les exemples

pied

vendredi

les	*le*
/ɛ/	/ə/
Pluriel	Singulier
Les lèvres sont tirées.	Les lèvres sont arrondies.

1   = ou ≠ ? Identique ou différent ? Écoutez et choisissez.

	Exemple	1	2	3	4	5
=						
≠	X					

2   Écoutez et soulignez ce que vous entendez.

Exemple	*Le livre*	*Les livres*
1	Le stylo	Les stylos
2	Le crayon	Les crayons
3	Le cahier	Les cahiers
4	Le dossier	Les dossiers
5	Le classeur	Les classeurs

E X E R C I C E S

3 **Répétez.**

1. *Pluriel* /ɛ/ – *Singulier* /ə/   Fais-l<u>es</u>. – Fais-l<u>e</u>.
2. *Singulier* /ə/ – *Pluriel* /ɛ/   L<u>e</u> secrétaire. – L<u>es</u> secrétaires.

4 **Regardez les corrigés des exercices 1 et 2, puis répétez-les.**

5 **Les sorties en ville. Répétez le pluriel et le singulier.**

1. Les bars. – Le bar.
2. Les cafés. – Le café.
3. Les théâtres. – Le théâtre.
4. Les cinémas. – Le cinéma.
5. Les restaurants. – Le restaurant.

6 **Quel travail !**

Exemple : *A : Je lis c<u>e</u> livre ?*   *B : Pas c<u>e</u> livre ! C<u>es</u> livres !*

1. A : Je lis ce livre ?   B : …………….....……………,
2. A : Je fais ce devoir ?   B : …………….....……………
3. A : J'écris ce dossier ?   B : …………….....……………
4. A : J'étudie ce poème ?   B : …………….....……………

À vous ! **Qu'est-ce que j'achète ?**

Exemples : *A : J'achète les croissants ?*   *B : Achète-l<u>es</u> !*
            A : J'achète le journal ?   *B : Achète-l<u>e</u> !*

1. A : J'achète les croissants ?   B : ………………………………………
2. A : J'achète le journal ?   B : ………………………………………
3. A : J'achète le pain ?   B : ………………………………………
4. A : J'achète le magazine ?   B : ………………………………………
5. A : J'achète les fleurs ?   B : ………………………………………

Poèmes et chansons.

Le café est dans les tasses
Les cafés nettoient leurs glaces

Il est cinq heures, chanson, Jacques Dutronc

28 Il v**eu**t du th**é**, elles v**eu**lent une bi**è**re !

(Les voyelles /Œ/ - /ɛ/)

Observez les exemples

2

deux

pied

veut	*thé*
veulent	*bière*
/Œ/	/ɛ/
Les lèvres sont arrondies.	Les lèvres sont tirées.

1 = ou ≠ ? Identique ou différent ? Écoutez et choisissez.

	Exemple	1	2	3	4	5
=						
≠	X					

2 /Œ/ ou /ɛ/ ? Écoutez et choisissez.

	Exemple	1	2	3	4	5
/Œ/ deux	X					
/ɛ/ pied						

E X E R C I C E S

3 **Répétez.**

1. /œ/ Neuf ͜heures.

2. /E/ Cette mer.

3. /œ/ - /E/ Deux pieds.

4. /E/ - /œ/ Les ͜œufs.

4 **Regardez les corrigés des exercices 1 et 2, puis répétez-les.**

5 **Faites vos jeux ! Dites ces phrases.**

1. Pierre, je veux jouer !

2. Où est ton jeu ?

3. Où sont les dés ?

4. Un seul ou deux ?

5. Albert, mauvais joueur !

6 **Quelle heure est-il ? Jouez le rôle C.**

Exemple : *A : Quelle heure est-il ?*   *B : Sept heures.*   *C : Il est sept heures.*

1. A : Quelle heure est-il ?	B : Sept heures.	C : ....
2. A : Quelle heure est-il ?	B : Sept heures sept.	C : ....
3. A : Quelle heure est-il ?	B : Neuf heures deux.	C : ....
4. A : Quelle heure est-il ?	B : Neuf heures neuf.	C : ....
5. A : Quelle heure est-il ?	B : Deux heures.	C : ....
6. A : Quelle heure est-il ?	B : Deux heures deux.	C : ....

À vous ! Répondez (rôle B).

Exemple : *A : Tu veux du café ?*   *B : Oh oui ! Du café, j'en veux.*

1. A : Tu veux du café ?   B : ....

2. A : Tu veux du thé ?   B : ....

3. A : Tu veux du lait ?   B : ....

4. A : Tu veux du poulet ?   B : ....

5. A : Tu veux du sel ?   B : ....

6. A : Tu veux des pêches ?   B : ....

Poèmes et chansons.

*Et quand j'arriverai, je mettrai sur ta tombe
Un bouquet de houx vert et de bruyère en fleurs.*
Demain, dès l'aube, poème, Victor Hugo

*J'appellerais mon père, ma mère,
Mes frères et mes sœurs,
Ce serait le bonheur !*
Si j'avais un marteau, chanson, Claude François

Deux beaux bols à fleurs.

(Les voyelles /Œ/ - /o/)

Observez les exemples

2

deux

dos

deux	*beau*
fleur	*bol*
/Œ/	/o/

La langue est en avant.
La voyelle est aiguë.

La langue est en arrière.
La voyelle est grave.

1   = ou ≠ ? Identique ou différent ? **Écoutez et choisissez.**

	Exemple	1	2	3	4	5
=						
≠	X					

2   /Œ/ ou /o/ ? **Écoutez et choisissez.**

	Exemple	1	2	3	4	5
/Œ/ deux	X					
/o/ dos						

3   Répétez.

1. /Œ/ - /o/   D**eu**x bat**eau**x.

2. /Œ/ - /o/   Un c**œu**r d'**o**r.

3. /o/ - /Œ/   Un bateau bleu.

4. /o/ - /Œ/   Un bol à fleurs.

4   Regardez les corrigés des exercices 1 et 2, puis répétez-les.

5   Trop de fautes !

Exemple : *A : J'ai fait deux fautes.*   *B : Deux ? C'est trop !*

1. A : J'ai fait deux fautes.   B : ....

2. A : J'ai fait ving**t**-deux fautes. ∆   B : ....

3. A : J'ai fait trente-deux fautes.   B : ....

4. A : J'ai fait quarante-deux fautes.   B : ....

∆ *vingt-deux : comme dans tous les composés de « vingt », le « t » est prononcé.*

6   Deux euros. Posez les questions et répondez.

1. A : Combien ça vaut ?   **2.** B : Ça vaut deux euros.

3. A : Combien d'euros veux-tu ?   **4.** B : Il m'en faut seulement deux.

À vous ! Notre profession.

Exemple : *A : Vous êtes chauffeurs ?*   *B : Oui, nous sommes chauffeurs !*

1. A : Vous êtes chauffeurs ?   B : ....

2. A : Vous êtes professeurs ?   B : ....

3. A : Vous êtes chômeurs ?   B : ....

Poèmes et chansons.

Joli rossignol et fleur de pommier,
Si la neige tombe au mois de juillet,
Joli rossignol et fleur de pommier,
C'est que le soleil en janvier brillait,
Joli rossignol et fleur de pommier.

La fleur de pommier, poème, Robert Desnos

30 Il pl<u>eu</u>t t<u>ou</u>j<u>ou</u>rs.
(Les voyelles /œ/ - /u/)

Observez les exemples

2

deux

12

douze

pleut /œ/	*toujours* /u/
La langue est en avant. La voyelle est aiguë.	La langue est très en arrière. La voyelle est grave.

1 = ou ≠ ? Identique ou différent ? Écoutez et choisissez.

	Exemple	1	2	3	4	5
=						
≠	X					

2 /œ/ ou /u/ ? Écoutez et choisissez.

	Exemple	1	2	3	4	5
/œ/ deux	X					
/u/ douze						

EXERCICES

3 **Répétez.**

1. /œ/   D<u>eu</u>x j<u>eu</u>x.

2. /u/   D<u>ou</u>ze b<u>ou</u>les.

3. /œ/ - /u/   Deux boules.

4. /u/ - /œ/   Douze jeux.

4 **Regardez les corrigés des exercices 1 et 2, puis répétez-les.**

5 **C'est où, Toulouse ? Jouez ce dialogue.**

1. A : Il pleut à Toulouse ?

2. B : À Toulouse, il pleut, il pleut, il pleut...

3. A : Il pleut tous les jours à Toulouse ?

4. B : À Toulouse, il pleut toujours.

5. A : Tu connais Toulouse ?

6. B : C'est où, Toulouse ?

6 **Deux ou douze ?**

Exemple : *A : Il arrive dans deux minutes !*   *B : Deux minutes ou douze ?*

1. A : Il arrive dans deux minutes !   B : ....

2. A : Il est là dans deux s<u>e</u>condes ! △   B : ....

3. A : Il repart dans deux heures !   B : ....

4. A : Il est en vacances dans deux mois !   B : ....

5. A : Il est en r<u>e</u>traite dans deux ans !   B : ....

△ *Dans « seconde », le « c » se prononce /g/.*

À vous ! Nous ?

Exemple : *A : Il veut vous rencontrer.*   *B : Nous ? Il veut... nous rencontrer ?*

1. Il veut vous rencontrer.   B : ....

2. Il veut vous parler.   B : ....

3. Il veut vous consulter.   B : ....

4. Il veut vous féliciter.   B : ....

Poèmes et chansons.

Il n'y a pas d'amour heureux
Mais c'est notre amour à tous deux.

Il n'y a pas d'amour heureux, poème, Louis Aragon

31 La tante Léa.

(La voyelle orale /ʌ/ - la voyelle nasale /ɑ̃/)

Observez les exemples

sac

100

cent

	Léa /ʌ/	tante /ɑ̃/

Les lèvres sont tirées.
La voyelle est orale.

La bouche est très ouverte.
La voyelle est nasale.

1 = ou ≠ ? Identique ou différent ? Écoutez et choisissez.

	Exemple	1	2	3	4	5
=						
≠	X					

2 /ʌ/ ou /ɑ̃/ ? Écoutez et choisissez.

	Exemple	1	2	3	4	5
/ʌ/ sac						
/ɑ̃/ cent	X					

3   **Répétez.**

1. /ʌ/   M<u>a</u>d<u>a</u>me.

2. /ɑ̃/   <u>En</u> d<u>an</u>s<u>an</u>t.

3. /ʌ/ - /ɑ̃/   Avance !

4. /ɑ̃/ - /ʌ/   En marche.

4   **Regardez les corrigés des exercices 1 et 2, puis répétez-les.**

5   **Attends Léa ! Donnez ces ordres.**

1. Arrive en avance !

2. Entre dans la gare !

3. Prends ta carte d'identité !

4. Attends la tante Léa !

6   **Oui ou non ? Jouez le rôle A puis le B.**

1. A : Du travail, il en a ?   **2.** B : Il n'en a pas.

3. A : Des vacances, il en avait ?   **4.** B : Il n'en avait pas.

5. A : Des bagages, il en aura ?   **6.** B : Il n'en aura pas.

À vous ! Quel âge a-t-elle ?

Exemple : *A : Suzanne a douze ans.*   *B : Douze ans, Suzanne ?*

1. A : Suzanne a douze ans.   B : ....

2. A : Sylviane a seize ans.   B : ....

3. A : Éliane a trente ans.   B : ....

4. A : Marianne a cent ans.   B : ....

Poèmes et chansons.

Le temps s'en va, le temps s'en va, ma dame
Las, le temps, non, mais nous nous en allons.

Poème, Pierre de Ronsard

32 Ce manteau est long...
(Les voyelles nasales /ɑ̃/ - /õ/)

Observez les exemples

100

cent

11

onze

manteau /ɑ̃/	long /õ/
La bouche est très ouverte. Les muscles sont moins tendus.	La bouche est fermée. Les muscles sont plus tendus.

1 = ou ≠ ? **Identique ou différent ? Écoutez et choisissez.**

	Exemple	1	2	3	4	5
=						
≠	X					

2 /ɑ̃/ ou /õ/ ? **Écoutez et choisissez.**

	Exemple	1	2	3	4	5
/ɑ̃/ cent	X					
/õ/ onze						

E X E R C I C E S

3   **Répétez.**

1. /ɑ̃/ Cent trente. (130)

2. /ɔ̃/ Onze millions. (11 M)

3. /ɑ̃/ - /ɔ̃/ Cent onze. (111)

4. /ɔ̃/ - /ɑ̃/ Onze cents. (1 100)

4   **Regardez les corrigés des exercices 1 et 2, puis répétez-les.**

5   **Notre programme. Racontez ce programme.**

1. En septembre, nous travaillons.

2. En novembre, nous étudions.

3. En décembre, nous voyageons.

4. En janvier, nous nous reposons.

6   **Combien ? Répondez.**

1. Il y a onze banques.

2. Il y a onze clients.

3. Il y a onze agences.

4. Il y a onze habitants.

À vous ! Trop grand !

Exemple : *A : Il est comment, mon blouson ?*   *B : Ton blouson ? Trop grand !*

1. A : Il est comment, mon blouson ?   B : ....

2. A : Il est comment, mon pantalon ?   B : ....

3. A : Il est comment, mon caleçon ?   B : ....

    Poèmes et chansons.

Sur le pont d'Avignon
L'on y danse, l'on y danse.
Sur le pont d'Avignon
L'on y danse tous en rond.

Sur le pont d'Avignon, chanson enfantine

33 Les grands magasins.

(Les voyelles nasales /ɑ̃/ - /Ɛ̃/

Observez les exemples

100
cent

15
quinze

grand /ɑ̃/	magasin
La voyelle est grave. La bouche est très ouverte.	La voyelle est aiguë. Les lèvres sont tirées.

1 = ou ≠ ? Identique ou différent ? Écoutez et choisissez.

	Exemple	1	2	3	4	5
=						
≠	X					

2 /ɑ̃/ ou /Ɛ̃/ ? Écoutez et choisissez.

	Exemple	1	2	3	4	5
/ɑ̃/ cent	X					
/Ɛ̃/ quinze						

3   Répétez.

1. /ɑ̃/ - /ɑ̃/   C<u>en</u>t. (100) - Tr<u>en</u>te. (30)

2. /Ẽ/ - /Ẽ/   Qu<u>in</u>ze. (15) - C<u>in</u>q. (5)

3. /ɑ̃/ - /Ẽ/   Cent quinze. (115)

4. /Ẽ/ - /ɑ̃/   Cin̮q cents. (500) ∆

∆ *À l'intérieur des nombres, le « q » de « cinq » n'est pas prononcé.*

4   Regardez les corrigés des exercices 1 et 2, puis répétez-les.

5   Quand vient-il ? Répondez.

1. Il vient le deux septembre.

2. Il vient le trois décembre.

3. Il vient le sept novembre.

4. Il vient le premier janvier.

6   Ta sœur. Jouez le rôle A puis le B.

1. A : Ta sœur, elle est comment ?

3. A : Comment encore ?

5. A : Et encore comment ?

7. A : Elle est vraiment bien !

2. B : Elle est grande et mince.

4. B : Elle est gentille et simple.

6. B : Elle est élégante et intelligente.

À vous ! Il est très grand !

Exemple : *A : Il est grand, Julien ?*   *B : Julien ? Il est très grand !*

1. A : Il est grand, Julien ?   B : ....

2. A : Il est grand, Alain ?   B : ....

3. A : Il est grand, Germain ?   B : ....

4. A : Il est grand, Fabien ?   B : ....

Poèmes et chansons.

J'en ai vu un avec un chien (…)

J'en ai vu un qui pleurait

J'en ai vu un qui entrait dans une église

J'en ai vu un autre qui en sortait (…)

J'en ai vu plusieurs, poème, Jacques Prévert

Quelle grosse mouche !

(Les voyelles /O/ - /u/)

Observez les exemples

dos

12

douze

grosse	*mouche*
/O/	/u/
Les muscles sont moins tendus.	Les muscles sont plus tendus.

---

1 = ou ≠ ? Identique ou différent ? Écoutez et choisissez.

	Exemple	1	2	3	4	5
=						
≠	X					

2 /O/ ou /u/ ? Écoutez et choisissez.

	Exemple	1	2	3	4	5
/O/ dos						
/u/ douze	X					

E X E R C I C E S

3 **Répétez.**

1. /O/   Tr**o**p de ch**o**ses.

2. /u/   T**ou**s les c**ou**rs.

3. /O/ - /u/   Trop de cours.

4. /u/ - /O/   Toutes les choses.

4 **Regardez les corrigés des exercices 1 et 2, puis répétez-les.**

5 **Toujours à gauche !** **Jouez ce dialogue.**

1. A : Ne roule pas à gauche !   **2.** B : Pourquoi, je roule à gauche ?

3. A : Tu roules à gauche, toujours !

4. A : En France, on n**e** <u>roule</u> pas à gauche…

5. A : On <u>double</u> à gauche !

6 **Rendez-vous !**

Exemple : *A : Rendez-vous au bureau.*   *B : Où ? Au bureau ?*

1. A : Rendez-vous au bureau.   B : …………………….....………

2. A : Rendez-vous au studio.   B : …………………….....………

3. A : Rendez-vous au métro.   B : …………………….....………

4. A : Rendez-vous au château.   B : …………………….....………

À vous ! Il faut !

Exemple : *A : Dépêchez-vous !*   *B : Il faut nous dépêcher !*

1. A : Dépêchez-vous !   B : ……………………………………………

2. A : Préparez-vous !   B : ……………………………………………

3. A : Installez-vous !   B : ……………………………………………

4. A : Arrêtez-vous !   B : ……………………………………………

5. A : Organisez-vous !   B : ……………………………………………

Poèmes et chansons.

Un jour
Il y aura autre chose que le jour.
Un jour, poème, Boris Vian

35 Nous v<u>oi</u>là, <u>oui</u> !

(La voyelle /u/ - les syllabes /wa/ et /wi/)

Observez les exemples

12

douze

3

trois

nous	*voilà - oui*
/u/	/wa / - /wi/

Les lèvres sont arrondies.	Les lèvres passent d'arrondies à tirées.
La position est statique.	Le mouvement est dynamique.

1 = ou ≠ ? Identique ou différent ? **Écoutez et choisissez.**

	Exemple	1	2	3	4	5
=	X					
≠						

2 Indiquez le nombre de syllabes.

	1 syllabe	2 syllabes	3 syllabes	4 syllabes
Exemple			X	
1				
2				
3				
4				
5				

3   **Répétez.**

1. /u/   D<u>ou</u>ze j<u>ou</u>rs.

2. /wa/   Tr<u>oi</u>s m<u>oi</u>s.

3. /u/ - /wa/   Douze mois.

4. /wa/ - /u/   Trois jours.

4   **Regardez les corrigés des exercices 1 et 2, puis répétez-les.**

5   **Pourquoi ? Jouez ces questions.**

1. Pourquoi ce soir ?

2. Pourquoi demain soir ?

3. Pourquoi samedi soir ?

4. Ah oui ! Pourquoi ?

6   **Bonjour, bonsoir ! Jouez le rôle A puis le rôle B.**

1. A : Bonjour, c'est Louis.   **2.** B : Ah, Louis ! Vous voilà !

3. A : Bonjour, c'est Louise.   **4.** B : Ah, Louise ! Vous voilà !

5. A : Bonsoir, c'est Jean-Louis.   **6.** B : Ah, Jean-Louis ! Vous voilà !

7. A : Bonsoir, c'est Marie-Louise.   **8.** B : Ah, Marie-Louise ! Vous voilà !

À vous ! Pour moi ?

Exemple : A : Tu l'as fait pour moi ?   *B : Oui, je l'ai fait pour toi.*

1. A : Tu l'as fait pour moi ?   B : ....

2. A : Tu l'as dit pour moi ?   B : ....

3. A : Tu l'as lu pour moi ?   B : ....

4. A : Tu l'as pris pour moi ?   B : ....

    Poèmes et chansons.

Et la mémoire
Comment est-elle faite la mémoire
De quoi a-t-elle l'air
De quoi aura-t-elle l'air plus tard (...)
La pluie et le beau temps, poème, Jacques Prévert

36 Le boulanger et la boulangère.
(Absence ou présence de la consonne /R/ finale)

Observez les exemples

-r non prononcé   terre

On ne prononce pas le « -r » à la fin des mots :	« re » se prononce /R/ :
boulanger (masculin),	*boulangère* (féminin).
chanter (infinitif des verbes en « -er »).	« ir » et « ire » se prononcent /iR/ : *finir*, *dire*

La langue reste en bas,
la pointe contre les dents.

1 = ou ≠ ? Identique ou différent ? Écoutez et choisissez.

	Exemple	1	2	3	4	5
Présent *finit*						
Infinitif *finir*	X					

2 Écoutez et soulignez ce que vous entendez. Écoutez et choisissez.

Exemple	*premier* (masculin)	*première* (féminin)
1	poissonnier	poissonnière
2	charcutier	charcutière
3	boulanger	boulangère
4	pâtissier	pâtissière
5	teinturier	teinturière

3   **Répétez.**

1. Il veut les di<u>re</u>.

2. Il peut les fai<u>re</u>.

3. Il sait les li<u>re</u>.

4. Il doit les voi<u>r</u>.

4   **Regardez les corrigés des exercices 1 et 2, puis répétez-les.**

5   **La famille. Présentez cette famille.**

1. C'est ma mère.

2. C'est ton père.

3. C'est sa belle-mère.

4. C'est mon frère.

5. C'est ton grand-père.

6. C'est leur sœur.

6   **Au restaurant. Jouez cette scène.**

1. Monsieur, il faut téléphoner et reteni<u>r</u>.

2. Monsieur, il faut regarder et choisi<u>r</u>.

3. Monsieur, il faut commander et boi<u>re</u>.

4. Monsieur, il faut goûter et servi<u>r</u>.

5. Monsieur, il faut payer et parti<u>r</u>.

À vous ! Son avenir ?

Exemple : *A : Elle veut devenir boulangère.*   *B : Et lui, il veut devenir boulanger ?*

1. A : Elle veut devenir boulangère.   B : ....

2. A : Elle veut devenir pâtissière.   B : ....

3. A : Elle veut devenir bouchère.   B : ....

4. A : Elle veut devenir poissonnière.   B : ....

5. A : Elle veut devenir charcutière.   B : ....

Poèmes et chansons.

Le désert, c'est ce qui ne finit pas de finir.
L'océan, c'est ce qui ne finit pas de finir.
Où est la fin, disais-tu.

L'arrière-livre, poème, Edmond Jabès

37

L'autoca<u>r</u> va pa<u>r</u>ti<u>r</u>.

(La prononciation de la consonne /R/ en fin de syllabe)

Observez les exemples

terre

> *l'autocar*
> *partir*
>
>
>
> La langue reste en bas, la pointe contre les dents.

1   = ou ≠ ? Identique ou différent ? Écoutez et choisissez.

	Exemple	1	2	3	4	5
=						
≠	X					

2   On entend /R/ ou on n'entend pas /R/ ? Écoutez et choisissez.

	Exemple	1	2	3	4	5
On entend /R/						
On n'entend pas /R/	X					

EXERCICES

3 **Répétez.**

1. Bonjou_r_ !

2. Bonsoi_r_ !

3. Au r_e_voi_r_ !

4 **Regardez les corrigés des exercices 1 et 2, puis répétez-les.**

5 **Ils sont partis…** **Racontez.**

1. Voilà leur jardin.

2. C'est leur porte.

3. Leur porte est fermée !

4. Ils sont partis…

6 **L'heure.** **Jouez le rôle A puis le rôle B.**

1. A : Pardon, Monsieur…

2. A : Vous avez l'heure ?

3. B : Il est quatorze heures.

4. A : Vous voulez dire deux heures ?

5. B : Oui, quatorze heures, c'est deux heures.

6. A : Merci, Monsieur !

À vous ! Ce soir ou demain soir ?

Exemple : *A : On sort ce soir ?*   *B : On sort demain soir.*

1. A : On sort ce soir ?   B : ....

2. A : On part ce soir ?   B : ....

3. A : Ça ferme ce soir ?   B : ....

   Poèmes et chansons.

Ce soir, au bar de la gare,
Igor, hagard, est noir,
Il n'arrête guère de boire.

Ta Katie t'a quitté, chanson, Bobby Lapointe

38 Le bo<u>r</u>d du bo<u>l</u> est cassé.

Observez les exemples

terre

ciel

bord	*bol*
/R/	/l/
La langue est en bas, la pointe contre les dents d'en bas.	La langue est en haut, la pointe contre les dents d'en haut.

---

1 = ou ≠ ? Identique ou différent ? Écoutez et choisissez.

	Exemple	1	2	3	4	5
=						
≠	X					

2 /l/ ou /R/ ? Écoutez et choisissez.

	Exemple	1	2	3	4	5
/R/ terre						
/l/ ciel	X					

EXERCICES

3   **Répétez.**

1. /ʀ/   Vé<u>r</u>one.

2. /l/   <u>L</u>'Ita<u>l</u>ie.

3. /ʀ/ - /l/   Tu<u>r</u>in et Mi<u>l</u>an.

4. /l/ - /ʀ/   Voi<u>l</u>à <u>R</u>ome.

4   **Regardez les corrigés des exercices 1 et 2, puis répétez-les.**

5   **Il est parti pour…**

Exemple : *A : Il le voit ?*   *B : Il est parti pour le voir.*

1. A : Il le voit ?   B : ....

2. A : Il le fait ?   B : ....

3. A : Il le finit ?   B : ....

4. A : Il le choisit ?   B : ....

6   **Frères et sœurs. Présentez Robert, Isabelle et Roland.**

1. Robert est le frère d'Isabelle.

2. Isabelle est la sœur de Robert.

3. Roland est le père d'Isabelle et de Robert.

À vous ! **Où habite-t-il ?**

Exemple : *A : Il habite près de la gare ?*   *B : Il habite rue de la Gare.*

1. A : Il habite près de la gare ?   B : ....

2. A : Il habite près de la mer ?   B : ....

3. A : Il habite près du port ?   B : ....

4. A : Il habite près du marché ?   B : ....

Poèmes et chansons.

Ma liberté
Longtemps je t'ai gardée
Comme une perle rare (…)

Ma liberté, chanson, Georges Moustaki

Document complémentaire n° 2

Exercice de lecture

Madame Laluy fait visiter son grand jardin à Philippe, son nouveau locataire. Ils rencontrent Véronique, l'autre locataire de Madame Laluy…

MME L. : Alors ? Vous aimez mon jardin ?

PHILIPPE : Oh ! oui. *[Il respire]* C'est merveilleux ! Ces arbres, ces fleurs, ces papillons…

MME L. : Vous sentez l'air pur ?

PHILIPPE : Ah ! oui… il est excellent !

MME L. : Nous déjeunons ici…

PHILIPPE : Charmant !

MME L. : Tous les fruits, tous les légumes, tous les œufs et tous les poulets que nous mangeons viennent du jardin. Et là,…

PHILIPPE : Oh, il y a quelqu'un !

MME L. : Pardon ?

PHILIPPE : Là-bas, il y a… quelqu'un.

MME L. : Ah oui ! C'est notre petite locataire, elle lit souvent ici. Mais venez ! je vais vous la présenter.

PHILIPPE : Non, attendez !… Pas maintenant… Vous nous présenterez au dîner.

MME L. : Comme vous voulez, Monsieur Gaveau. Je ne veux pas… Ah ! c'est trop tard, elle nous regarde. *[À Véronique]* Bonjour Mademoiselle !

VÉRONIQUE : Bonjour, Madame Laluy !

MME L. : *[à Philippe]* Je vais vous présenter. Vous allez voir, elle est charmante. *[À Véronique]* Voici notre nouveau locataire. Alors… est-ce qu'on présente le monsieur d'abord et la jeune fille après ou le contraire, je ne sais jamais ! Bref ! Monsieur Philippe Gaveau de Paris, Mademoiselle Véronique Nollet de Toulouse.

PHILIPPE : Mademoiselle.

VÉRONIQUE : Monsieur.

PHILIPPE : Je suis désolé de vous déranger. Vous lisez…

VÉRONIQUE : Oh non non, pas du tout. Ça ne fait rien.

MME L. : Oh là là ! Sept heures ? Excusez-moi. Je vous laisse. *[En chantant.]* À tout à l'heure…

PHILIPPE : À tout à l'heure… *[À lui-même]* Zut ! Elle est partie. *[Long silence. Il tousse. À Véronique]* Madame Laluy est gentille…

VÉRONIQUE : Oui.

PHILIPPE : Monsieur Laluy est gentil aussi.

VÉRONIQUE : Oui.

PHILIPPE : Ils sont vraiment gentils, tous les deux.

VÉRONIQUE : Oui, oui.

PHILIPPE : Le parc est très beau.

VÉRONIQUE : Oh oui !

D'après *Les Maîtres du Mystère : Tendres aveux* de Fred KASSAK,
INA, 1re diffusion le 20/06/1972 sur France Inter (ORTF).

TROISIÈME PARTIE

Les principales difficultés du français

Le tendu-relâché

Vous pouvez encore étudier la tension dans la deuxième partie (leçons 21, 25, 32 et 34).

Le sourd et le sonore

Vous pouvez encore étudier la sonorité dans la deuxième partie (leçons 24 et 25).

Le labial et le non labial

Vous pouvez encore étudier la labialité dans la deuxième partie (leçons 19, 26, 27 et 28).

L'aigu et le grave

Vous pouvez encore étudier l'acuité dans la deuxième partie (leçons 20, 29, 30 et 33).

Autres difficultés

Vous pouvez encore étudier ce thème dans la deuxième partie (leçons 22 et 35).

Vous pouvez encore étudier ce thème dans la deuxième partie (leçons 23 et 31).

Vous pouvez encore étudier ce thème dans la première partie (leçons 1 à 11).

39

– Un jeu ? – Pas d<u>e</u> jeu !
– Une <u>ch</u>anson ? – Pas d<u>e</u> <u>ch</u>anson !

Les consonnes /ʒ/-/dʒ/ et /ʃ/-/tʃ/

Observez les exemples

C'est… <u>J</u>ean ? Mais <u>J</u>ohn, c'est mon <u>j</u>ean !

C'est à <u>J</u>acqu<u>e</u>line ? C'est l<u>e</u> cahier d<u>e</u> <u>J</u>acqu<u>e</u>line.

Du <u>ch</u>ocolat ? Pas d<u>e</u> <u>ch</u>ocolat !

jardin, chat	*jazz, tchatcher**
/ʒ/ - /ʃ/	/dʒ/ - /tʃ/
Une consonne continue, sans explosion au début.	Deux consonnes (une momentanée et une continue) avec explosion au début.

* familier pour « parler »

1 = ou ≠ ? Identique ou différent ? Écoutez et choisissez.

/ʒ/-/dʒ/	Exemple	1	2	3	4	5
=						
≠	X					

2 = ou ≠ ? Identique ou différent ? Écoutez et choisissez.

/t/-/tʃ/	Exemple	1	2	3	4	5
=						
≠	X					

3   Répétez.

1. /ʒ/   J'arrive !

2. /ʃ/   Cherche !

3. /ʒ/-/tʃ/   Je tɇ cherche !

4. /ʃ/-/dʒ/   Charles n'a pas dɇ jouets ?

5. /ʒ/-/dʒ/   Il joue du jazz.

6. /ʃ/-/tʃ/   Charles n'a pas dɇ chance !

4   Écoutez une deuxième fois les exemples de la page de gauche, puis répétez-les.
Regardez les corrigés des exercices 1 et 2 puis répétez-les.

5   Encore ? Jouez le rôle A puis le rôle B.

/dʒ/-/tʃ/

1. A : Beaucoup dɇ jardins…

3. A : Beaucoup dɇ jasmins…

5. A : Beaucoup dɇ charme…

7. A : Beaucoup dɇ chance…

/ʒ/-/ʃ/

2. B : Quels jardins !

4. B : Quels jasmins !

6. B : Quel charme !

8. B : Quelle chance !

À VOUS ! Elle ne mange rien !

Exemple : *A : Elle boit du jus d'orange ?*   *B : Du jus d'orange ? Oh non, jamais dɇ .. jus d'orange !*

1. A : Elle boit du jus d'orange ?   B : ....

2. A : Elle mange du jambon ?   B : ....

3. A : Elle mange du gigot d'agneau ?   B : ....

4. A : Elle boit du champagne ?   B : ....

5. A : Elle mange du chocolat ?   B : ....

Voir aussi les leçons 26 et 44.

   Poèmes et chansons.

On ne dit pas en français dzéro, ni dzut, ni dzigdzag.
Disparu au XIIIᵉ siècle, (…), le son /dz/ n'a survécu qu'en Zeus.

Le désordre des langages, essai, Jacques Rebotier

40 Ici, desc**e**nd**e**z !

(Les voyelles /i/-/E/)

Observez les exemples

6

six

pied

ici /i/	*descendez* /e/
Les muscles sont très tendus.	Les muscles sont moins tendus.
La bouche très fermée.	La bouche est moins fermée.
La langue est très en bas.	La langue est moins en bas.

1 /i/ ou /E/ - il ou elle ? **Écoutez et choisissez.**

	Exemple	1	2	3	4	5
/i/ il	X					
/E/ elle						

2 /i/ ou /E/ - dix ou des ? **Écoutez et choisissez.**

	Exemple	1	2	3	4	5
/i/ dix	X					
/E/ des						

3   **Répétez.**

1. /i/   <u>Il</u> r<u>i</u>t.

2. /E/   <u>E</u>lle r<u>ê</u>ve.

3. /i/ - /E/   Il rêve.

4. /E/ - /i/   Elle rit.

4   **Regardez les corrigés des exercices 1 et 2, puis répétez-les.**

5   **Je veux savoir. Posez les questions.**

1. Qu'est-ce qu'il dit ?

2. Qu'est-ce qu'il lit ?

3. Qu'est-ce qu'elle disait ?

4. Qu'est-ce qu'elle lisait ?

6   **J'aime voyager ! Racontez.**

1. J'ai visité ces six pays.

2. J'ai visité ces six villes.

3. J'ai visité ces six îles.

À vous ! Moi aussi

Exemple : *A : J'ai réfléchi aux vacances.*   *B : J'y ai réfléchi aussi.*

1. A : J'ai réfléchi aux vacances.   B : ....

2. A : J'ai pensé aux bagages.   B : ....

3. A : J'ai atterri à Orly.   B : ....

4. A : J'ai déjeuné à la cafétéria.   B : ....

Poèmes et chansons.

Y'avait dix filles dans un pré
Toutes les dix à marier (...)
Le fils du roi vint à passer, (...)
Toutes les dix a saluées.

Chanson ancienne

41

Le jardin et la maison sont beaux.

(Les voyelles /ə/-/ʌ/ = masculin ou féminin)

Observez les exemples

vendredi

sac

le	*la*
/ə/	/ʌ/
Masculin	Féminin
Les muscles sont tendus.	Les muscles sont moins tendus.
Les lèvres sont arrondies.	Les lèvres sont tirées.

1 = ou ≠ ? **Identique ou différent ? Écoutez et choisissez.**

	Exemple	1	2	3	4	5
=						
≠	X					

2 **Masculin ou féminin ? Écoutez et soulignez ce que vous entendez.**

Exemple	Chez l¢ libraire	_Chez la libraire_
1	Chez l¢ dentiste	Chez la dentiste
2	Chez l¢ géographe	Chez la géographe
3	Chez l¢ fleuriste	Chez la fleuriste
4	Chez l¢ psychologue	Chez la psychologue
5	Chez l¢ secrétaire	Chez la secrétaire

EXERCICES

3   **Répétez.**

1. /ə/   Le s<u>e</u>cret.

2. /A/   La s<u>a</u>lle.

3. /ə/ - /A/   Repasse !

4. /A/ - /ə/   Passe-le !

4   **Regardez les corrigés des exercices 1 et 2, puis répétez-les.**

5   **La leçon, le livre. Répétez le féminin et le masculin.**

1. C'est la plus facile. – C'est l¢ plus facile.

2. C'est la plus simple. – C'est l¢ plus simple.

3. C'est la plus complexe. – C'est l¢ plus complexe.

4. C'est la plus difficile. – C'est l¢ plus difficile.

6   **Qu'est-ce que je répare ?**

Exemples : *A : Je répare le magnétoscope ?   B : Répare-l<u>e</u> !*
               A : Je répare la radio ?   B : Répare-la !

1. A : Je répare le magnétoscope ?   B : ....

2. A : Je répare la radio ?   B : ....

3. A : Je répare la télé ?   B : ....

4. A : Je répare le réveil ?   B : ....

5. A : Je répare le téléphone ?   B : ....

À vous ! À l'aide !

Exemples : *A : Appelle le dentiste !   B : Je n¢ le connais pas.*
               A : Appelle la dentiste !   B : Je n¢ la connais pas.

1. A : Appelle lc dentiste !   B : ....

2. A : Appelle le libraire !   B : ....

3. A : Appelle la paysagiste !   B : ....

4. A : Appelle la prof !   B : ....

5. A : Appelle le géologue !   B : ....

       Poèmes et chansons.

Là-haut sur le Mont Blanc
L'edelweiss y fleurit
J'y vois toute la terre
Et la France et Paris.

L'edelweiss, poème, Robert Desnos

42 Je veux du sucre.

(Les voyelles /Œ/-/y/)

Observez les exemples

2

deux

lune

je veux /Œ/	*du sucre* /y/
Les muscles sont moins tendus. La bouche est moins fermée. La langue est très bas.	Les muscles sont très tendus. La bouche est très fermée. La langue est moins bas.

1 = ou ≠ ? Identique ou différent ? **Écoutez et choisissez.**

	Exemple	1	2	3	4	5
=						
≠	X					

2 /Œ/ ou /y/ ? **Écoutez et choisissez.**

	Exemple	1	2	3	4	5
/Œ/ deux						
/y/ lune	X					

3 **Dites les phrases.**

1. /Œ/ J̲e̲ l̲e̲ v̲eux !

2. /y/ T̲u̲ es s̲ûr ?

3. /Œ/ - /y/ Te mesures-tu ?

4. /y/ - /Œ/ Tu te mesures ?

4 **Regardez les corrigés des exercices 1 et 2, puis répétez-les.**

5 **Un café comment ? Répétez.**

1. Veux-tu du café ?

2. Veux-tu du sucre ?

3. Tu veux de̸ la crème ?

4. Du lait ?

5. Tu veux de̸ l'eau ?

6 **Une seule ! Jouez le rôle A puis le B.**

1. A : Une ou deux glaces ?

2. B : Une seule glace !

3. A : Une ou deux tartes ?

4. B : Une seule tarte !

5. A : Une ou deux baguettes ?

6. B : Une seule baguette !

7. A : Une ou deux pizzas ?

8. B : Deux, pas une !

À vous ! Qu'est-ce que tu veux ? **Répondez et jouez le rôle B.**

Exemples : *A : Voilà du poulet. Tu veux une aile ? B : S'il te plaît, une aile de poulet.*

1. A : Voilà du poulet. Tu veux une aile ? B : ....

2. A : Voilà du fromage. Tu veux une assiette ? B : ....

3. A : Voilà du gâteau. Tu veux une part ? B : ....

4. A : Voilà du champagne. Tu veux une coupe ? B : ....

5. A : Voilà du café. Tu veux une tasse ? B : ....

Voir aussi leçon 21.

Poèmes et chansons.

Ici, on jouit du clapotis
Du bord de mer (…)
Du premier jet, j'ai tout gardé
(…) Le léger, le corsé.

J'écume, chanson, Alain Bashung

43 C'est l**o**ng d'att**en**dre !

(Les voyelles /õ/- /ã/)

Observez les exemples

11

onze

100

cent

long /õ/ Les muscles sont très tendus. La bouche est fermée. Les lèvres sont très arrondies.	*attendre* /ã/ Les muscles sont moins tendus. La bouche est très ouverte. Les lèvres ne sont pas arrondies.

1 = ou ≠ ? **Identique ou différent ? Écoutez et choisissez.**

	Exemple	1	2	3	4	5
=						
≠	X					

2 /õ/ ou /ã/ ? **Écoutez et choisissez.**

	Exemple	1	2	3	4	5
/õ/ onze						
/ã/ cent	X					

3 **Répétez.**

1. /õ/ M**on** **on**cle.

2. /ã/ Ma t**an**te.

3. /ã/ Ma gr**an**d-t**an**te.

4. /õ/ - /ã/ - /õ/ M**on** gr**an**d‿**on**cle. ∆

∆ « d » en liaison est prononcé /t/

4 **Regardez les corrigés des exercices 1 et 2, puis répétez-les.**

5 **Ils sont en voyage ! Dites où sont vos parents.**

1. Mes parents vont en Europe.

2. Mes parents vont en Océanie.

3. Mes parents vont en Asie.

4. Mes parents vont en Amérique.

6 **Ils sortent beaucoup !**

Exemple : *A : Ils vont au théâtre ?*   *B : Ils vont souvent au théâtre.*

1. A : Ils vont au théâtre ?   B : ....

2. A : Ils vont au cinéma ?   B : ....

3. A : Ils vont au musée ?   B : ....

4. A : Ils vont au restaurant ?   B : ....

À vous ! À la poste.

Exemple :   *A : On colle beaucoup d'enveloppes ?*   *B : On en colle cent.*

1. A : On colle beaucoup d'enveloppes ?   B : ....

2. A : On met beaucoup de timbres ?   B : ....

3. A : On prépare beaucoup de paquets ?   B : ....

4. A : On poste beaucoup de lettres ?   B : ....

Voir aussi leçon 32.

Poèmes et chansons.

Chantons, pour passer le temps,
Les amours jolies d'une belle fille ;
Chantons pour passer le temps,
Les amours jolies d'une fille de quinze ans.

Chanson populaire

44 Ses z enfants viennent chaque jeudi.

(Les consonnes constrictives /f/ - /v/, /s/ - /z/, /ʃ/-/ʒ/)

Observez les exemples

 fille si chat verre zéro jardin

enfants – ses – chaque	viennent – ses z enfants – jeudi
/f/ /s/ /ʃ/	/v/ /z/ /ʒ/
Les muscles sont très tendus.	Les muscles sont moins tendus.
Il n'y a pas de vibration.	Il y a une vibration.
Les consonnes sont sourdes.	Les consonnes sont sonores.

Toutes ces consonnes sont continues.

1 = ou ≠ ? Identique ou différent ? Écoutez et choisissez.

	Exemple	1	2	3	4	5
=						
≠	X					

2 Écoutez et soulignez ce que vous entendez.

Exemple	Ils s'arrêtent	Ils arrêtent
1	Ils s'amusent	Ils amusent
2	Ils s'ignorent	Ils ignorent
3	Ils s'observent	Ils observent
4	Ils s'interrogent	Ils interrogent
5	Ils s'expliquent	Ils expliquent

EXERCICES

3   Répétez.

1. /f/ - /v/   Ils s'en font. – Ils y vont.

2. /s/ - /z/   Ils sont très grands. – Ils z ont grandi.

3. /ʃ/ - /ʒ/   Tes chants. – Des gens.

4   Regardez les corrigés des exercices 1 et 2, puis répétez-les.

5   Quand ? Où ? Qui ? /s/ - /z/

1. Ils s'arrêtent. – Ils z arrêtent à midi.

2. Ils s'attendent. – Ils z attendent à la gare.

3. Ils s'amusent. – Ils z amusent les enfants.

6   C'est fini ! /f/ - /v/

1. Tu l'as fait hier. – Tu l'avais hier.

2. Tu l'as fait avant-hier. – Tu l'avais avant-hier.

3. Tu l'as fait ce matin. – Tu l'avais ce matin.

4. Tu l'as fait dimanche. – Tu l'avais dimanche.

À vous ! D'accord !

/ʒ/ - /ʃ/

Exemple : *A : Cherche !*   *B : Je cherche !*

1. A : Cherche !   B : ....

2. A : Chante !   B : ....

3. A : Choisis !   B : ....

4. A : Change !   B : ....

Voir aussi leçon 25.

Poèmes et chansons.

Les cerisiers sont blancs,
Les oiseaux sont contents.

Les cerisiers sont blancs,
chanson, Gilbert Bécaud

Des visages, des figures
Dévisagent, défigurent
Des figurants à effacer
Des faces A, des faces B

Des visages, des figures,
chanson, Noir Désir

45

Le t̲rain d̲u q̲uai à gauche p̲art b̲ientôt.

(Les consonnes occlusives /p/ - /b/, /t/-/d/, /k/-/g/)

Observez les exemples

pont

toit

car

bus

doigt

gare

p̲art – t̲rain – q̲uai /p/ /t/ /k/ 	*b̲ientôt – d̲u – g̲auche* /b/ /d/ /g/
Les muscles sont très tendus. Il n'y a pas de vibration. Les consonnes sont sourdes.	Les muscles sont moins tendus. Il y a une vibration. Les consonnes sont sonores.

Toutes ces consonnes sont momentanées.

---

1 /t/ ou /d/ - « tes » ou « des » ? Écoutez et soulignez ce que vous entendez.

Exemple	*J'écris à tes amis*	*J'écris à des amis*
1	J'écris à tes enfants	J'écris à des enfants
2	J'écris à tes copains	J'écris à des copains
3	J'écris à tes camarades	J'écris à des camarades
4	J'écris à tes collègues	J'écris à des collègues
5	J'écris à tes parents	J'écris à des parents

2 /p/ ou /b/ ? Écoutez et choisissez.

	Exemple	1	2	3	4	5
/p/ pont						
/b/ bus	X					

3 Répétez.

1. /p/ - /b/   Donne-lui une poire. – Donne-lui à boire.

2. /t/ - /d/   C'est tout ? – C'est doux ?

3. /k/ - /g/   À tous les coups ! – Pour tous les goûts !

4. /k/ /d/ - /g/ /t/   C'est un cadeau. – C'est un gâteau.

4 Regardez les corrigés des exercices 1 et 2, puis répétez-les.

5 Activités sportives. Posez les questions.

1. Il y a combien de golfs ?

2. Il y a combien de tennis ?

3. Il y a combien de bowlings ?

4. Il y a combien de patinoires ?

6 Vous êtes du quartier ? Donnez les explications.

1. A : Excusez-moi, où est la gare ?   **2.** B : Tournez à gauche au carrefour.

3. B : Puis toujours tout droit.

4. B : Prenez la troisième à droite.

5. B : Juste après la bibliothèque.

À vous ! Je t'ai dit trois !

Exemple : *A : Tu veux deux timbres ?*   *B : Je t'ai dit trois timbres.*

1. A : Tu veux deux timbres ?   B : ....

2. A : Tu veux deux boîtes ?   B : ....

3. A : Tu veux deux paquets ?   B : ....

4. A : Tu veux deux cartes postales ?   B : ....

        Poèmes et chansons.

Je pense que si j'étais un beau prince,
je n'aurais pas besoin de parler autant pour te séduire.

Les amnésiques n'ont rien vécu d'inoubliable, Hervé Le Tellier

46 <u>J</u>e <u>ch</u>er<u>ch</u>e <u>S</u>u<u>z</u>anne et <u>J</u>o<u>s</u>eph !
(Les consonnes /ʒ/ - /z/ et /ʃ/ - /s/)

Observez les exemples

jardin   chat   zéro   salade

je cherche	*Suzanne*
/ʒ/ /ʃ/	/z/ /s/
Les lèvres sont arrondies.	Les lèvres sont étirées.
La pointe de la langue en haut.	La pointe de la langue est en bas.

1   = ou ≠ ? Identique ou différent ? Écoutez et choisissez.

/ʒ/ /z/	Exemple	1	2	3	4	5
=						
≠	X					

2   = ou ≠ ? Identique ou différent ? Écoutez et choisissez.

/ʃ/ /s/	Exemple	1	2	3	4	5
=						
≠	X					

3 **Répétez.**

1. /ʒ/ Allez, joue !

2. /z/ Allez, zou !*

3. /ʃ/ Le chien !

4. /s/ Le sien !

* familier pour « on y va ».

4 **Écoutez une deuxième fois les exemples de la page de gauche, puis répétez-les. Regardez les corrigés des exercices 1 et 2 puis répétez-les.**

5 **Une petite visite. Dites ces phrases.**

1. Il va chez elle chaque samedi.

2. Toujours les après-midi.

3. Jusqu'à six ou sept heures.

4. C'est un gentil jeune homme.

6 **C'est fait ! Répétez.**

1. A : Et ta chemise?

3. A : Et tes chemises ?

5. A : Et tes chemises ?

7. A : Et ta leçon ?

9. A : Et tes leçons ?

11. A : Et tes leçons ?

2. B : Je l'ai mise !

4. B : Je les ͜ ai mises !

6. B : Je ne les ͜ ai jamais mises !

8. B : Je l'ai comprise !

10. B : Je les ͜ ai comprises !

12. B : Je ne les ͜ ai jamais comprises !

À vous ! Chez Sébastien.

Exemple : *A : Tu passes?*   *B : Oui, je passe. Chez Sébastien !*

1. A : Tu passes?   B : ....

2. A : Tu sors ?   B : ....

3. A : Tu sonnes ?   B : ....

4. A : Tu manges ?   B : ....

5. A : Tu danses ?   B : ....

6. A : Tu te reposes ?   B : ....

Voir aussi leçons 24, 25, 26 et 44.

 Poèmes et chansons.

Faut vous dire Monsieur
Que chez ces gens-là
On ne cause pas Monsieur

Ces gens-là, chanson, Jacques Brel

47

Je suis grand, j'ai eu cinq ans !
(Les voyelles /ə/ -/E/)

Observez les exemples

vendredi

pied

le	les
/ə/	/E/
Les lèvres sont arrondies.	Les lèvres sont tirées.

1 /ə/ ou /E/ - « je » ou « j'ai » ? Écoutez et soulignez ce que vous entendez.

Exemple	_Je rougis_	_J'ai rougi_
1	Je construis	J'ai construit
2	Je pâlis	J'ai pâli
3	Je réfléchis	J'ai réfléchi
4	Je choisis	J'ai choisi
5	Je guéris	J'ai guéri
6	Je finis	J'ai fini
7	Je conduis	J'ai conduit
8	Je réussis	J'ai réussi
9	Je ris	J'ai ri
10	Je grandis	J'ai grandi

EXERCICES

2   **Répétez.**

1. /ə/ J<u>e</u> souris. – Il s<u>e</u> plaint.

2. /E/ J'<u>ai</u> souri. – Il s'<u>est</u> plaint.

3   **Regardez les corrigés de l'exercice 1, puis répétez-les.**

4   **J'ai beaucoup changé.**

Exemple : *A : J'ai grandi.*   *B : Moi, j<u>e</u> grandis encore.*

1. A : J'ai grandi.   B : ....

2. A : J'ai grossi.   B : ....

3. A : J'ai maigri.   B : ....

4. A : J'ai minci.   B : ....

5   **C'est fini ! Répétez les verbes au passé composé puis au présent.**

1. Je l'ai vu, j<u>e</u> n<s>e</s> l<u>e</u> vois plus.

2. Je l'ai cru, je ne le crois plus.

3. Je l'ai lu, je ne le lis plus.

4. Je l'ai su, je ne le sais plus.

5. Je l'ai eu, je ne l'ai plus.

> **À vous !** **Comment se sent-il ?**
>
> Exemple : *A : Il s'est senti seul ?*   *B : Il se sent toujours seul.*
>
> **1.** A : Il s'est senti seul ?   B : ....
>
> **2.** A : Il s'est senti fatigué ?   B : ....
>
> **3.** A : Il s'est senti malade ?   B : ....
>
> **4.** A : Il s'est senti bien ?   B : ....

 Voir aussi leçons 27 et 28.

   Poèmes et chansons.

Ma vie est passée
Je cherche et n'ai pas trouvé

Ma vie est passée, poème, Francis Picabia

48

En <u>aoû</u>t, <u>où</u> vas-t<u>u</u> ?
(Les voyelles /u/ - /y/)

Observez les exemples

12

douze

lune

aoû<i>t – où</i>	<i>tu</i>
/u/	/y/
La voyelle est très grave.	La voyelle est aiguë.
La langue est très en arrière.	La langue est très en avant.

1 Écoutez et soulignez ce que vous entendez.

Exemple	*Dis « tu » !*	*Dis tout !*
1	Il est sûr	Il est sourd
2	La rue	La roue
3	C'est vu	C'est vous
4	Tu as vu	Tu avoues
5	Tu changes	Tout change
6	Tu parles	Tout parle
7	Tu t'es brûlé	Tout est brûlé
8	Tu vas bien	Tout va bien
9	Tu dis que c'est vrai	Tout dit que c'est vrai
10	Tu t'es préparé	Tout est préparé

EXERCICES

2 Dites les phrases.

1. /u/ - /y/   Tou<u>jou</u>rs des lég<u>u</u>mes !

2. /y/ - /u/   S<u>u</u>rt<u>ou</u>t dans la s<u>ou</u>pe !

3. /y/ - /u/- /y/ Pl<u>us</u> d<u>u</u> t<u>ou</u>t de lég<u>u</u>mes !

3 Regardez les corrigés de l'exercice 1, puis répétez-les.

4 Menu. Répétez.

1. Voudrais-tu une poule au jus ?

2. Voudrais-tu une coupe de confiture ?

3. Voudrais-tu un yaourt au sucre ?

5 Conseils de vacances. Dites ces conseils.

1. Vous louez une voiture.

2. Vous roulez vers le sud.

3. Vous découvrez l'architecture.

4. Vous profitez de la température.

5. Vous goûtez tous les menus.

À vous ! Tous ! Répondez et jouez le rôle B.

Exemple : *A : Ils sont venus ?*   *B : Ils sont tou<u>s</u> venus !*

1. A : Ils sont venus ?   B : ....

2. A : Ils l'ont vu ?   B : ....

3. A : Ils l'ont voulu ?   B : ....

4. A : Et ils l'ont bu ?   B : ....

Voir aussi leçon 20.

 Poèmes et chansons.

On en fait beaucoup
Se pencher tordre son cou
Pour voir l'infortune
À quoi nos vies se résument.

Chanson, Alain Souchon

49

Le professeur se repose un peu.

(Les voyelles /O/ - /Œ/)

Observez les exemples

dos

2

deux

professeur – repose	*professeur – peu – le – se*
/O/	/Œ/
La voyelle est très grave.	La voyelle est aiguë.
La langue est en arrière.	La langue est en avant.

1 Écoutez et soulignez ce que vous entendez.

Exemple	*Prends-le*	*Prends l'eau*
1	C'est l'heure	C'est l'or
2	Une seule	Une sole
3	Mon cœur	Mon corps
4	Un petit peu	Un petit pot
5	C'est un deux	C'est un dos
6	Il ne meurt pas	Il ne mord pas
7	Ils veulent bien	Ils volent bien
8	Il ne veut rien	Il ne vaut rien
9	Un seul marron	Un sol marron
10	Un peu d'eau	Un pot d'eau

2   Dites les phrases.

1. /Œ/ - /O/   Un s<u>eu</u>l p<u>o</u>rt.

2. /O/ - /Œ/   Un b<u>eau</u> f<u>eu</u>.

3. /Œ/ - /O/   Un p<u>eu</u> d'<u>eau</u>.

4. /O/ - /Œ/   Une b<u>o</u>tte n<u>eu</u>ve.

3   Regardez les corrigés de l'exercice 1, puis répétez-les.

4   Il pleut dehors. Répétez.

1. Il pleut fort !

2. Personne dehors !

3. Peu de transports.

4. Seul, un homme heureux.

5. Il porte des fleurs.

5   Quelle horreur ! Jouez le rôle B puis le rôle A.

1. A : On déjeune à quelle l'heure ?

2. B : À quatorze heures.

3. A : Quel drôle d'horaire !

4. A : C'est un peu tard.

5. B : C'est dans le bureau du directeur.

6. A : C'est une erreur ?

7. A : Quelle horreur !

À vous ! D'accord !

Exemple : *A : Tu veux des œufs ?*   *B : Des œufs ? D'accord !*

1. A : Tu veux des œufs ?   B : ....

2. A : Tu veux des fleurs ?   B : ....

3. A : Tu veux du beurre ?   B : ....

4. A : Tu veux du bœuf ?   B : ....

Voir aussi leçon 29.

Poèmes et chansons.

Je lui dirai les mots bleus
Les mots qu'on dit avec les yeux
Je lui dirai tous les mots bleus
Tous ceux qui rendent les gens heureux.

Les mots bleus, chanson, Christophe

50 Vous êtes seul ?

(Les voyelles /u/- /Œ/)

Observez les exemples

12

douze

2

deux

	vous /u/	seul /Œ/
	La voyelle est très grave. La langue est très en arrière.	La voyelle est aiguë. La langue est en avant.

1 = ou ≠ ? Identique ou différent ? Écoutez et choisissez.

	Exemple	1	2	3	4	5
=						
≠	X					

2 /u/ ou /Œ/ ? Écoutez et choisissez.

	Exemple	1	2	3	4	5
/u/ douze						
/Œ/ deux	X					

EXERCICES

3   **Répétez.**

1. /u/   Tout rouge.

2. /Œ/   Deux feux.

3. /Œ/ - /Œ/ - /u/ Deux feux rouges.

4. /u/ - /Œ/ - /u/ Douze feux rouges.

4   **Regardez les corrigés des exercices 1 et 2, puis répétez-les.**

5   **Rouge ou bleu ? Dites le rôle A puis le rôle B.**

1. A : Tu aimes le bleu ?   **2.** B : Je préfère le rouge.

3. A : Tu préfères le rouge au bleu ?

4. A : Moi, je préfère le bleu au rouge !

6   **Beaucoup pour nous… Jouez ce dialogue.**

1. A : Nous avons deux heures de cours.   **2.** B : Vous avez deux heures de cours ?

                                                   3. B : C'est peu !

4. A : Deux heures de cours…

5. A : C'est beaucoup pour nous !

À vous ! Je ne vous trouve pas curieux !

Exemple : *A : Je suis curieux !*   *B : Je ne vous trouve pas curieux…*

1. A : Je suis curieux !   B : ....

2. A : Je suis sérieux !   B : ....

3. A : Je suis courageux !   B : ....

4. A : Je suis généreux !   B : ....

Voir aussi leçon 30.

Poèmes et chansons.

J'ai hissé les couleurs de mon drapeau
Bleu blanc blues
Bleu blanc blues

Bleu blanc blues, chanson, Claude Nougaro

51 <u>Un</u> musici<u>en</u> dem<u>an</u>de le sil<u>en</u>ce.

(Les voyelles /Ẽ/ - /ã/)

Observez les exemples

15

quinze

100

cent

un – musicien /Ẽ/	*demande – silence* /ã/
La voyelle est aiguë. Les lèvres sont tirées. La langue est en avant.	La voyelle est grave. La bouche est ouverte. La langue est en arrière.

1 Écoutez et soulignez ce que vous entendez.

Exemple	<u>*Un* été</u>	*En été*
1	Un hiver	En hiver
2	Un car	En car
3	Un avion	En avion
4	Un bus	En bus
5	Cinq (5) minutes	Cent (100) minutes
6	Cinq (5) litres	Cent (100) litres
7	Cinq (5) mètres	Cent (100) mètres
8	Cinq (5) kilos	Cent (100) kilos
9	Cent cinq (105)	Cinq cents (500)
10	Un train	En train

2 **Dites les phrases.**

1. /Ẽ/- /ɑ̃/ - /Ẽ/ Un instrument ancien.   2. /ɑ̃/ - /Ẽ/ - /ɑ̃/ Quel grand musicien anglais !

3 **Regardez les corrigés de l'exercice 1, puis répétez-les.**

4 **Viens, c'est vraiment bien ! Jouez le rôle A puis le rôle B.**

1. A : Antonin, tu viens ?   2. B : Quand ? Maintenant ?

3. A : Oui, c'est important.   4. B : C'est intéressant ?

5. A : Absolument ! C'est vraiment bien !   6. B : Et c'est amusant ?

7. A : C'est passionnant !   8. B : J'attends Jean et je viens...

5 **Enfin !**

Exemple : *A : Je rentre.*   *B : Tu rentres, enfin !*

1. A : Je rentre.   B : ....

2. A : Je commence.   B : ....

3. A : Je chante.   B : ....

4. A : Je danse.   B : ....

5. A : Je pense.   B : ....

> **À vous !** **Tous importants ! Répondez et jouez le rôle B.**
>
> Exemple : *A : C'est un bon médecin ?*   *B : C'est un médecin important.*
>
> 1. A : C'est un bon médecin ?   B : ....
>
> 2. A : C'est un bon musicien ?   B : ....
>
> 3. A : C'est un bon comédien ?   B : ....
>
> 4. A : C'est un bon gardien ?   B : ....

Voir aussi leçon 33.

Poèmes et chansons.

Et tout un peu tremble   Comme un fil entre l'autre et l'un,
Et le reste s'éteint   Invisible, il pose ses liens,
Juste dans nos ventres   Dans les méandres des inconscients,
Un nœud, une faim. (...)   Il se promène impunément.

Et l'on n'y peut rien, chanson, Jean-Jacques Goldman

52 **F̲aites-v̲ous couper la b̲ar̲b̲e !**

(Les consonnes /f/ - /v/ et /p/ - /b/)

Observez les exemples

 fille   verre  pont  bus

faites – vous	*couper – barbe*
/f/ - /v/	/p/ - /b/
Ces consonnes sont continues. (constrictives)	Ces consonnes sont momentanées. (occlusives)

1 = ou ≠ ? Identique ou différent ? Écoutez et choisissez.

	Exemple	1	2	3	4	5
=						
≠	X					

2 /b/ ou /v/ ? Écoutez et choisissez.

	Exemple	1	2	3	4	5
/b/ bus	X					
/v/ verre						

3   Répétez.

1. /f/   Il fait frais.

2. /p/   Il pleut un peu.

3. /f/ - /p/ Il faut un parapluie.

4. /v/   Venez voir !

5. /b/   Une belle boutique.

6. /v/ - /b/ Vraiment bien !

4   Regardez les corrigés des exercices 1 et 2, puis répétez-les.

5   Qu'est-ce qu'il faut ? Posez les questions pour les courses.

1. Il faut du pain ?

2. Il faut du poivre ?

3. Il faut des pommes ?

4. Il faut des pêches ?

6   Quel bon vin ! Jouez ce dialogue.

1. A : Vous buvez du vin ?

2. B : Seulement du bon vin !

3. A : Un vieux bourgogne ?

4. A : Un vieux bordeaux ?

5. A : Voilà une bonne bouteille.

6. B : Vous avez bien choisi !

À vous ! S'il te plaît !

Exemple: *A : Je pousse la fenêtre ?*   *B : Pousse bien la fenêtre !*

1. A : Je pousse la fenêtre ?   B : ....

2. A : Je vide la poubelle ?   B : ....

3. A : Je ferme la porte ?   B : ....

4. A : Je branche la vidéo ?   B : ....

Poêmes et chansons.

Fais pas ci, fais pas ça
Viens ici, mets toi là
Attention prends pas froid !
Fais pas ci, fais pas ça, chanson, Jacques Dutronc

Quand la vérité n'est pas libre,
la liberté n'est pas vraie.
Poème, Jacques Prévert

53

Camille ! <u>Oui</u>, <u>toi</u> !
V<u>ien</u>s tout d¢ s<u>ui</u>te !

(Les semi-consonnes : /j/ - /ɥ/ - /w/)

Observez les syllabes des exemples

| Ou | i | ci, tu veux ? | Oui |, si tu veux !

Tu l'as | lu | i | ci ?   Ce | lui |-ci ?

Attends, | si | on | y va…   Atten| tion |, on y va !

2 voyelles = 2 syllabes = ☐☐   1 semi-consonne + 1 voyelle = 1 syllabe = ☐

viens ! Camille	*suite*	*oui – toi*
/j/	/ɥ/	/w/

Les semi-consonnes sont toujours prononcées avec une voyelle.
Elles forment une syllabe avec la voyelle et une ou plusieurs consonnes.

---

1   **Combien de syllabes ? Écoutez et indiquez le nombre de syllabes.**

	2 syllabes	3 syllabes	4 syllabes
Exemple : *Ma passion*		X	
1. C'est Louise !			
2. Si on partait ?			
3. Où il sort ?			
4. Oui, vas-t'en !			
5. Huit jours			
6. Tu y penses ?			
7. Manu y va.			
8. Minuit vingt.			

2   **Répétez.**

1. /j/   C'est b<u>i</u>en, ma f<u>ill</u>e

2. /ɥ/   C'est le 8 (h<u>ui</u>t) j<u>ui</u>llet !   △ le « t » de « huit » n'est pas prononcé devant consonne.

3. /w/   Pourqu<u>oi</u> ? J'ai s<u>oi</u>f…

3   **Écoutez une deuxième fois les exemples de la page de gauche, puis répétez-les. Regardez les corrigés de l'exercice 1 puis répétez-les.**

4   **Ennuyeux /j/. Racontez.**

1. C'est une émission à la télévision…

2. … sur les Parisiens et leurs quartiers…

3. … présentée par un vieux comédien…

5   **Rendez-vous à minuit /ɥ/. Jouez les phrases.**

1. En juin ou en juillet ?

2. Aujourd'hui ? Tout d¢ suite ?

3. Mais la nuit, sous cette pluie…

6   **Il va pleuvoir ce soir /w/. Dites ces phrases.**

1. Il fait très noir, ce soir, pas d'étoiles !

2. Tu vois l¢ tramway, à droite, au loin ?

3. Oui, il va pleuvoir, tu n¢ crois pas ?

À vous ! Bientôt !

Exemple : *A : Il vous conseille ?*   *B : Il vous conseille… Il va bientôt vous conseiller!*

1. A : Il vous conseille ?   B : ....

2. A : Il vous paye ?   B : ....

3. A : Il essaye ?   B : ....

4. A : Il travaille ?   B : ....

5. A : Il se débrouille ?   B : ....

6. A : Il se réveille ?   B : ....

Voir aussi les leçons 20, 22, 35 et 48

Poèmes et chansons.

C'est la voix des nations et c'est la voix du sang
Au suivant au suivant.

Au suivant, chanson, Jacques Brel

54 Les voisines prennent le train.

(La dénasalisation /ɛ̃/ - /yn/, /ɛ̃/ - /in/, /ɛ̃/ - /ɛn/, /ɑ̃/ - /an/, /ɑ̃/ - /ɛn/, /ɔ̃/ - /ɔn/)

Observez les exemples

un	fin	ancien	Jean	prend	bon	**Voyelle nasale**
une	fine	ancienne	Jeanne	prennent	bonne	**Voyelle orale** + **/n/**

train

Voyelle nasale.
L'air passe un peu par le nez et par la bouche.
La pointe de la langue reste en bas.

voisines – prennent

Voyelle orale + /n/.
L'air passe par la bouche.
La pointe de la langue monte pour /n/.

---

1 Masculin ou féminin ? Soulignez ce que vous entendez.

Exemple	*Il y a des voisins*	<u>*Il y a des voisines*</u>
1	Il y a des Parisiens	Il y a des Parisiennes
2	Il y a des paysans	Il y a des paysannes
3	Il y a des champions	Il y a des championnes
4	Il y a des pharmaciens	Il y a des pharmaciennes
5	Il y a des lycéens	Il y a des lycéennes

2 Singulier ou pluriel ? Soulignez ce que vous entendez.

Exemple	<u>*Il vient*</u>	*Ils viennent*
1	Il l'apprend	Ils l'apprennent
2	Il s'en souvient	Ils s'en souviennent
3	Il peint	Ils peignent
4	Il revient	Ils reviennent
5	Il comprend	Ils comprennent

EXERCICES

3   **Masculin-féminin. Répétez.**

1. /Ẽ/ - /i/   Voilà Martin. – Voilà Martine.

2. /Ẽ/- /ɛ/   Voilà Fabien. – Voilà Fabienne.

3. /ɑ̃/ - /A/   Voilà Jean. – Voilà Jeanne.

4. /õ/ - /ɔ/   Voilà Simon. – Voilà Simone.

4   **Écoutez une deuxième fois les exemples de la page de gauche, puis répétez-les. Regardez les corrigés des exercices 1 et 2, puis répétez-les.**

5   **Et sa femme ? Jouez le rôle A puis le rôle B.**

Exemple :   *A : Il est roumain ; et sa femme ?*   *B : Elle est roumaine.*

1. A : Il est roumain ; et sa femme ?   B : ....

2. A : Il est mexicain ; et sa femme ?   B : ....

3. A : Il est vietnamien ; et sa femme ?   B : ....

4. A : Il est canadien ; et sa femme ?   B : ....

6   **Les peintres. Répétez le singulier et le pluriel.**

1. Il prend un rendez-vous. – Ils prennent un rendez-vous.

2. Il vient à la maison. – Ils viennent à la maison.

3. Il peint une chambre. – Ils peignent une chambre.

À vous ! Seulement lui.

Exemple :   *A : Ils reviennent du Danemark ?*   *B : Lui, il revient du Danemark.*

1. A : Ils reviennent du Danemark ?   B : ....

2. A : Ils prennent des photos ?   B : ....

3. A : Ils peignent un tableau ?   B : ....

4. A : Ils se souviennent des vacances ?   B : ....

Voir aussi leçon 23.

    Poèmes et chansons.

Les sanglots longs
Des violons
De l'automne
Blessent mon cœur
D'une langueur
Monotone.

Poème, Paul Verlaine

Je te réponds ma lycéenne,
Moi qui ne suis plus lycéen ;
Tu veux quelqu'un qui te comprenne ;
Je te comprends, j'essaie au moins.

Ma lycéenne, chanson, Philippe Chatel

55 Pascale, tu pars ? À Lausanne ?

(Quand la voyelle phonétique n'est pas influencée par la consonne suivante)

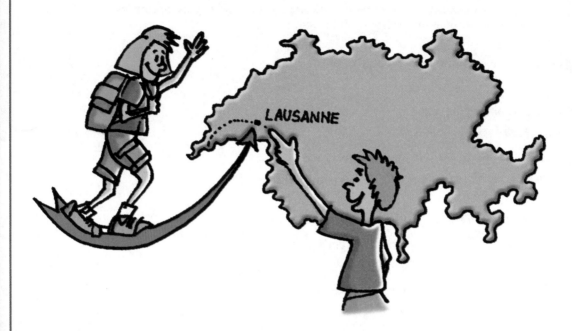

Observez les exemples

Ça va, Pascale ?
Ici, Pauline !
Loulou, c'est lourd !

> Les consonnes phonétiques /l/, /r/, /n/ n'ont pas d'influence sur le timbre de la voyelle.
> Pensez : Pas|ca……le Pau|li……ne C'est|lou……rd

---

1 Comptez les voyelles identiques à la voyelle soulignée.

Exemple : *Isabelle, tu es la première cette semaine!*   *4 voyelles identiques*

1. <u>O</u>h ! Paul, alors… tu sonnes ?   … voyelles identiques

2. Mais <u>si</u>, ils dînent à L'Empire !   … voyelles identiques

3. <u>Eu</u>h…il déjeune souvent seul à dix-neuf heures.   … voyelles identiques

4. Mais, <u>A</u>nne, c'est normal aussi, il est tard !   … voyelles identiques

2 Écoutez une deuxième fois les exemples de la page de gauche, puis répétez-les.
Regardez les corrigés de l'exercice 1 puis répétez-les.

3 Criez ! Répétez en criant !

1. Martine !

2. Tu pars chez Madeleine ?

3. Claire !

4. Tu appelles Hubert, d'accord ?

5. Gilles !

6. Tu sonnes chez Marianne ?

4 Ma ville : la cathédrale, l'école. Décrivez la ville.

1. C'est une petite ville, très tranquille.

2. Cet hôtel s'appelle l'Hôtel de la Chapelle.

3. Là-bas, la cathédrale Saint Martial.

4. Ici, c'est l'école de Paul et de Nicole.

5 Je déjeune avec ma cousine et mes copines. Racontez.

1. Le lundi, je vais à la piscine avec ma cousine.

2. Après, on se promène Avenue du Maine.

3. Anne a toujours une banane dans son sac.

4. En automne, je préfère une bonne pomme.

À VOUS ! Amateur ou professionnel ?

Exemple : *A : Il chante.*   *B : Il est chanteur ? Amateur ou professionnel ?*

1. A : Il chante.   B : ....

2. A : Il danse.   B : ....

3. A : Il nage.   B : ....

4. A : Il court.   B : ....

5. A : Il joue.   B : ....

Poèmes et chansons.

Nulle fleur ne danse
Entre les dalles de la cour
Où Madeleine marche.

Madeleine, chanson, Francis Cabrel

56 Le canal de Panama.
(La tenue des voyelles non accentuées)

Observez les voyelles dans les exemples

Une petite visite lundi midi.

Pascale est malade, comme par hasard…

Nous trouvons toujours tout chez vous !

> La voyelle garde le même son
> au début, au milieu, à la fin du groupe rythmique.
>
> Bien articuler les voyelles, dans toutes les positions,
> permet de mieux se faire comprendre.

1   **Écoutez et comptez les voyelles identiques à la voyelle soulignée.**

Exemple : *Sarah, tu pars à quatre heures à Paris ?*   *5 voyelles identiques*

1. Phillippe, tu vas à Lille ? J'y suis demain !   … voyelles identiques

2. Un billet pour Marseille, s'il vous plaît. Merci !   … voyelles identiques

3. Où ? Pour Toulouse ? Juste un retour ?   … voyelles identiques

4. À Périgueux ? Jeudi avec Mathieu, tu ne veux pas ? … voyelles identiques

5. Bientôt à l'Opéra de Pau, on propose « Faust ».   … voyelles identiques

2 Écoutez une deuxième fois les exemples de la page de gauche, puis répétez-les.
Regardez les corrigés de l'exercice 1 puis répétez-les.

3 Paris-Dakar. Répétez.

1. Dakar.

2. Paris-Dakar.

3. Le départ du Paris-Dakar.

4. Elle prépare le départ du Paris-Dakar.

5. Anna prépare le départ du Paris-Dakar.

4 Criez !

1. Pourquoi tu passes par là ?

2. Qu'est-ce qu'elle cherche ? J'y vais !

3. Jean, tu es encore en avance !

4. Rendez-vous où ? Où ça ? Au Louvre ?

5 Vie de famille. Dites les phrases.

1. Papa n'a pas participé au repas.

2. Maman mange encore.

3. Mon oncle répond aux questions.

4. Ma jeune sœur déjeune seule.

À vous ! Pas du tout !

Exemple : *A : C'est la « rue du Four » ?*   *B : La « rue du Four » ? Pas du tout !*

1. A : C'est la « rue du Four » ?   B : ....

2. A : C'est la tarte du jour ?   B : ....

3. A : C'est la date du cours ?   B : ....

4. A : C'est la place du four ?   B : ....

Voir aussi première partie.

Poèmes et chansons.

Un éléphant	*Un é_é___ant*
Qui se baladait	*___i _e _a_a_ait*
Tout doucement	*_ou_ _ou_e_ent*
Dans la forêt	*_ans _a _o_êt*
Il portait sur son dos	*I__o__ait _u__on _os*
Un petit perroquet	*Un _e_it _e__o___et*
Qui s'appelait Jacquot	*_i _a__e_ait _a____ot*
Et qui buvait du lait	*Et ___i _u_ait _u _ait*

Chanson enfantine

Les sons du français

Les voyelles

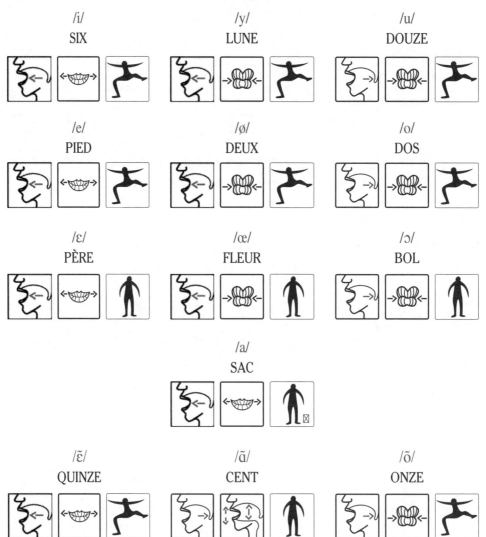

Remarque sur les voyelles : il y a beaucoup de voyelles arrondies en français /y, ø, œ, u, o, ɔ, õ/. Les lèvres sont souvent en avant. Il est important de beaucoup arrondir les lèvres pour bien articuler les voyelles du français.

Les semi-consonnes (toujours prononcées avec une voyelle)

/j/
VIENS
FILLE

/ɥ/
HUIT

/w/
TROIS

Les consonnes

	Antérieures		Postérieures

• OCCLUSIVES (momentanées)

Sans vibration

/p/
PONT

/t/
TOIT

/k/
CAR

Avec vibration

/b/
BUS

/d/
DOIGT

/g/
GARE

• CONSTRICTIVES (continues)

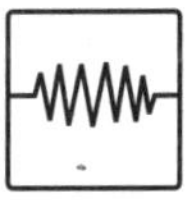

Sans vibration

/f/
FILLE

/s/
SI

/ʃ/
CHAT

Avec vibration

/v/
VERRE

/z/
ZÉRO

/ʒ/
JARDIN

• NASALES

/m/
MAIN

/n/
NON

/ɲ/
SIGNE

• /l/ - /ʀ/

/l/
CIEL

/ʀ/
TERRE

Les sons et l'orthographe

Les voyelles orales

SIX	/i/	/i/ s'écrit le plus souvent	*i, î, ï, y*	*il, île, haïr, cycle*
PIED	/E/	/e/ s'écrit le plus souvent	• *é*	*chanté*
		/ɛ/ s'écrit le plus souvent	• *'-er, -ez, -ef, -ed* • *e* + double consonne • *es* (mots d'une syllabe) • *ai* final • *è, ê* • *ei, ai, e* + consonne prononcée • *e* + double consonne (mots d'une syllabe) • *-ais, -ait, -aie*	*chanter, chantez, clef, pied* *dessin* *les, mes, ces…* *gai, j'aimai, j'aimerai…* *père, être* *seize, faire, mettre* *elle* *mais, fait, craie*
SAC	/A/	/a/ s'écrit le plus souvent	• *a, à, â* • *e* + mm	*chat, la* *prudemment, femme*
		/ɑ/ s'écrit le plus souvent	• *â, -as*	*pâte, bas*
DOS	/O/	/ɔ/ s'écrit le plus souvent	• *o* consonne prononcée, sauf /z/ • *u* + m final, sauf « parfum »	*donne* *maximum*
		/o/ s'écrit le plus souvent	• *eau* • *au* • *o* en fin de mot • *o* + consonne non prononcée • *o* + /z/, *ô*	*beau, Beauce* *matériau, haut, haute* *piano* *dos* *rose, côte*
DOUZE	/U/	/u/ s'écrit le plus souvent	• *ou, où, oû* • mots anglais	*route, où, goût* *foot, clown, pudding…*
LUNE	/Y/	/y/ s'écrit le plus souvent	• *u, û* • *eu* (conjugaison d'« avoir »)	*perdu, dû* *j'ai eu*
DEUX	/Œ/	/ø/ s'écrit le plus souvent	• *eu, œu* en fin de syllabe • *eu* + /z/ ou /t/	*eux, deuxième, vœu* *Meuse, feutre*
		/œ/ s'écrit le plus souvent	• *eu, œu* + consonne prononcée (sauf /z/ et /t/) • cas particulier : *-cueil, -gueil* • mots anglais	*heure, œuf* *accueil,* Δ *œil* *club, t-shirt, roller*
VENDREDI		/ə/ s'écrit le plus souvent	• *e* dans les mots d'une syllabe • *e* en fin de syllabe • préfixes *re* + ss et *de* + ss • *ais* dans certaines formes de « faire » • cas particulier :	*le* *reprendre, appartement* *ressources, dessus* *faisons, faisait* *monsieur*

Les voyelles nasales

QUINZE	/ɛ̃/	/ɛ̃/ s'écrit le plus souvent	• *in, im*[1]*, yn* • *ein, eim*[1]*, ain, aim*[1] • *(i)en, (y)en, (é)en* • cas particulier : *-en* dans les noms	*vin, timbre* *plein, Reims, main, faim* *mien, moyen, européen* *examen*
		/œ̃/ s'écrit le plus souvent	• *un, um*[1]	*brun, parfum*
CENT	/ã/	/ã/ s'écrit le plus souvent	• *en, em, an, am*[1] • *(i)en(t)* dans les noms et adjectifs	*vent, membre, sans, chambre* *client, patient*
ONZE	/õ/	/õ/ s'écrit le plus souvent	*on, om*[1]	*mon, ombre, nom*

(1) Le « m » se trouve devant les lettres « p, b, m » et parfois en fin de mot.

Les semi-consonnes

VIENS / FILLE	/j/ s'écrit le plus souvent	• *i* + voyelle prononcée • *y* + voyelle prononcée • voyelle + il final • voyelle + *ill* + voyelle • 2 consonnes + *i* + voyelle orale • consonne(s) + *il* + voyelle • voyelle + *y* + voyelle	*ciel* *yeux* *travail* *travaille* *crier* *bille, brille* *payer*
HUIT	/ɥ/ s'écrit le plus souvent	*u* + voyelle prononcée	*huit, lui*
TROIS	/w/ s'écrit le plus souvent	• *ou* + voyelle prononcée • *oi, oin* • *w* dans les mots anglais	**oui**, *mouette* *moi*, **loin** *week-end*

Les consonnes

LES CONSONNES OCCLUSIVES (MOMENTANÉES)

PONT	/p/ s'écrit le plus souvent	*p, pp*	**p**ar, a**pp**rend
BUS	/b/ s'écrit le plus souvent	*b, bb*	**b**on, a**bb**aye
TOIT	/t/ s'écrit le plus souvent	• *t, tt, th* • *d* en liaison	**t**on, a**tt**endre, **th**éâtre grand ͜ ami
DOIGT	/d/ s'écrit le plus souvent	*d, dd, dh*	**d**ans, a**dd**ition, a**dh**ésion
CAR	/k/ s'écrit le plus souvent	• *c, cc* + consonne *cc* + a, *cc* + o • *qu, k (ch)*	**c**afé, a**cc**roc, a**cc**ord **qu**ai, **k**aki (**ch**œur)
GARE	/g/ s'écrit le plus souvent	*g* (+ a, + o), *gu*	**g**are, **g**oût, **Gu**y

LES CONSONNES CONSTRICTIVES (CONTINUES)

FILLE	/f/ s'écrit le plus souvent	*f, ff, ph*	**f**ille, e**ff**et, **ph**oto
VERRE	/v/ s'écrit le plus souvent	*v (w)*	**v**oiture (**w**agon)
SI	/s/ s'écrit le plus souvent	• *s* sauf entre 2 voyelles graphiques • *ss, sc* • *ce, ci, cy* • *ça, ço, çu* • *ti* + voyelle, sauf dans les imparfaits • cas particulier : *x*	**s**avoir, pen**s**e poi**ss**on, de**sc**endre **ce**la, **ci**néma, **cy**cle **ça**, gar**ço**n, re**çu** na**ti**on, pa**ti**ent di**x**, soi**x**ante
ZÉRO	/z/ s'écrit le plus souvent	• *s* entre deux voyelles graphiques, *z* • *s* en liaison, *x* en liaison	poi**s**on, dou**z**e tes ͜ enfants, deux ͜ amis
CHAT	/ʃ/ s'écrit le plus souvent	*ch (sh, sch)*	**ch**ien (**sh**ampoing, **sch**éma)
JARDIN	/ʒ/ s'écrit le plus souvent	• *j* • *ge* + a, *ge* + o, *ge* + u • *g* + e, *g* + i	**j**e man**ge**ait, **Ge**orges, na**ge**ur **ge**nou, **gi**rafe

LES CONSONNES NASALES

MAIN	/m/ s'écrit le plus souvent	*m, mm*	**m**ettre, e**mm**êler
NON	/n/ s'écrit le plus souvent	*n, nn*	**n**otre, a**nn**ée, ∆ auto**mn**e
SIGNE	/ɲ/ s'écrit le plus souvent	*gn*	si**gn**e

LES CONSONNES /l/ - /R/

CIEL	/l/ s'écrit le plus souvent	*l, ll*	**l**it, be**ll**e
TERRE	/R/ s'écrit le plus souvent	*r, rr (rh)*	**r**iz, te**rr**e (**rh**ume)

Activités communicatives

 La vie de tous les jours

1. Écoutez et répétez les phrases.

2. Remplissez le tableau selon le nombre de syllabes entendues.

Merci ! – Okay ! – Incroyable ! – À tout à l'heure ! – Tu es sûr ? – Ça va ? – C'est très gentil ! – À demain ! – Tu es d'accord ? – Absolument ! – D'accord ! – Tout à fait ! – Enchanté ! – Salut ! – S'il vous plaît ! – Merci beaucoup ! – De rien ! – Je vous en prie !

2 syllabes	3 syllabes	4 syllabes
Merci !	Incroyable !	À tout à l'heure !
....	....	....
....	....	....
....	....	....
....	....	....
....	....	....

3. Réécoutez et répétez.

 Les cadeaux de Noël

1. Écoutez et répétez.

2. Choisissez un cadeau (quoi ?) avec le même nombre de syllabes que son destinataire (pour qui ?) et prononcez votre phrase.

Exemple : Pour mon grand frère (4 syllabes), / un dictionnaire (4 syllabes)
*(Pour-mon-grand-**frère** / un-dic-tio-**nnaire**)*

	Pour qui ?	Quoi ?
2 syllabes	Pour toi,... Pour Fritz,...	
3 syllabes	Pour mon père,... Pour ma mère,...	
4 syllabes	Pour mon grand frère,... Pour ma grand-mère,... Pour Paloma,...	... un dictionnaire.
5 syllabes	Pour ma tante Sophie,...	
6 syllabes	Pour mon ami Michel,...	

Cadeaux : un CD, un livre, une place de théâtre, une bouteille de champagne, des chocolats, un dictionnaire, un jeu, un bouquet d(e) fleurs, un roman.

3. Réécoutez.

Dernière syllabe plus longue

Dernière syllabe plus longue

 Au supermarché

1. Écoutez et répétez.

2. Faites votre liste à partir des produits proposés.

*Exemple : Je dois acheter / du **lait** / du ca**fé** // du **riz** / des **pâtes**. //*

Liste : du **lait** / du **beurre** / du fro**mage** / des ya**ourts**/ du **riz** / des **pâtes** / des pommes de **terre** / des to**mates** / des ba**nanes** / du choco**lat** / du ca**fé** / du **thé** / de la confi**ture** / des bis**cottes** / du **sucre** / du **sel** / des **œufs** / de la **viande** / du poi**sson** / de la mou**tarde**

3. Réécoutez.

 Les prix

Inventez les prix des produits de l'exercice précédent « Au supermarché ». Écoutez les deux exemples de l'enregistrement.

*Exemples : le **lait** / 1, 20 € (un euro **vingt**) ; le ca**fé** / 2,10 € (deux euros **dix**)*

Plusieurs groupes rythmiques

 Rendez-vous

1. Écoutez et répétez les 3 dialogues (1 syllabe/2 syllabes/3 syllabes/…). Respectez le rythme.

2. Inventez votre propre dialogue : choisissez dans le tableau et suivez le rythme.

Exemples : Paul, tu peux, mercredi, pour déjeuner ? – Euh... écoute, mercredi, c'est impossible, je suis désolé. / Bon, alors, c'est d'accord, le vendredi, à 21h (vingt et une heures) ? – Oui, parfait, c'est très bien, vendredi 16, à 21h. / Lou, tu viens, dimanche soir, au cinéma ? – Oui, d'accord, c'est possible, on va voir quoi ?

1 syllabe	2 syllabes	3 syllabes	4 syllabes	5 syllabes
Bon	alors	c'est d'accord	au cinéma	je suis désolé.
Euh...	d'accord	c'est possible	c'est impossible	à 21 heures.
Lou	écoute	c'est très bien	le vendredi	
Oui	parfait	dimanche soir	on va voir quoi ?	
Paul	tu peux	mercredi	pour déjeuner	
	tu viens		vendredi 16	

Les questions (montée de la voix)

Le sport

1. Demandez à des amis quels sports ils aiment.

Exemple : le foot-ball   Vous aimez le foot-ball ?

a. le tennis   ....

b. le karaté   ....

c. le basket   ....

d. le ski   ....

e. le curling   ....

2. Continuez avec d'autres sports. (le hand-ball, le judo, le rugby, le tennis de table, le volley, le golf, la pétanque...)

La fin d'une phrase (descente de la voix)

Qui êtes-vous ?

Dites : votre prénom, votre nationalité, votre âge, votre ville, votre profession, votre musique préférée.

*Exemple : Je m'appelle **Baptiste**. Je suis **français**. J'ai **30** ans. J'habite à **Marseille**. Je suis **professeur**. J'aime **le ragga muffin**.*

8 Tu m'intéresses !

1. À deux, posez des questions sur : le prénom, la nationalité, l'âge, la profession, la ville, l'état civil.

Exemple : A : Tu t'appelles Louis?   *B : **Non, je m'appelle Jean-Thierry.***

a.	A : Tu t'appelles Louis ?		**b.**	B : Non, je m'appelle…
c.	A : Tu es Belge ?		**d.**	B : Non, je suis…
e.	A : Tu as 22 ans ?		**f.**	B : Non, j'ai…
g.	A : Tu es professeur ?		**h.**	B : Non, je suis…
i.	A : Tu habites à Paris ?		**j.**	B : Non, j'habite à….
k.	A : Tu es marié ?		**l.**	B : Oui! Je suis…
			m.	B : Non, je suis…

2. Changez de rôle.

La phrase non finie (montée de la voix)

9 Faites vos courses

1. Jouez les deux rôles. (A et B)

Exemple : à la boulangerie; une baguette, un pain au chocolat, deux croissants.
A : Bonjour, je voudrais une baguette, un pain au chocolat et deux croissants s'il vous plaît.
B : Voilà une baguette, un pain au chocolat et deux croissants.
A : Merci. Au revoir.
B : Au revoir, bonne journée.

À vous !

a. à l'épicerie; du café, du sucre, du lait.

b. à la boucherie; deux steaks, six saucisses, un rôti.

c. chez le traiteur italien; des raviolis, du parmesan, du tiramisu.

d. au Grec; un kébab, un coca.

e. à la crèmerie; un roquefort, deux crottins, un camembert, trois rocamadours.

Rythme et mélodie

10 La météo

1. Écoutez et répétez les groupes rythmiques.

2. À deux, remplissez le tableau puis formez des phrases en assemblant trois groupes rythmiques (Quand ? Où ? Météo) avec le même nombre de syllabes.

Exemple :

	Quand ?	Où ?	Météo
2 syllabes	*Ce soir...*	*... à Lille...*	*... du vent !*
3 syllabes			
4 syllabes			
5 syllabes			

Quand ? : *Ce matin – cet après-midi – ce soir – demain – demain matin – demain soir – mardi – mercredi – pour le week-end*

Où ? : À Marseille – à Lille – à Bordeaux – à Perpignan – à Rennes – à Clermont-Ferrand – à Nice – à Strasbourg – en Normandie

Météo : du soleil – beau temps – un ciel tout bleu – du vent – des nuages – beaucoup de pluie – des orages violents – de la neige – du froid

3. Présentez votre météo.

Le /e/ final non prononcé

🎧 **11 Jeu des prénoms français**

Transformez le prénom étranger en prénom français.

Exemple : Corina   **Corine**

a. Carolina   ....   **e.** Maria   ....

b. Domenico   ....   **f.** Eva   ....

c. Estella   ....   **g.** Alfredo   ....

d. Federico   ....

La consonne finale non prononcée

🎧 **12 Hommes ou femmes ?**

1. Écoutez et soulignez la phrase entendue dans le tableau.

	Hommes	*Femmes*
Ex. :	<u>*Nous sommes français*</u>	*Nous sommes françaises*
a.	Tu es japonais	Tu es japonaise
b.	Tu es marocain	Tu es marocaine
c.	Vous êtes européen	Vous êtes européenne
d.	Tu es italien	Tu es italienne
e.	Nous sommes lettons	Nous sommes lettones
f.	Vous êtes flamands	Vous êtes flamandes

2. À deux : A choisit, B doit trouver : « hommes » ou « femmes » ?

	Hommes	*Femmes*
a.	Tu es allemand	Tu es allemande
b.	Nous sommes colombiens	Nous sommes colombiennes
c.	Vous êtes sud-africain	Vous êtes sud-africaine
d.	Vous êtes sénégalais	Vous êtes sénégalaise
e.	Nous sommes afghans	Nous sommes afghanes
f.	Tu es chinois	Tu es chinoise

3. Changez de rôle.

4. Continuez avec :

brésilien/brésilienne ; coréen/coréenne ; américain/américaine ; népalais/népalaise ; guinéen/
guinéenne ; togolais/togolaise ; béninois/béninoise ; néozélandais/néozélandaise ; roumain/roumaine.

 13 Le jeu des verbes

À deux : A dit un verbe à l'infinitif, B conjugue le verbe au présent avec « je » ou « j' ».

Exemple :   *A : écrire*   ***B : J'écris.***
                 A : travailler   ***B : Je travaille.***

Quand B se trompe, on change les rôles !
Utilisez les verbes : étudier, chanter, danser, habiter, être, avoir, aimer, téléphoner, appeler, écouter,
parler, voyager, partir, aller...

 14 Jȩ t'entends !

1. À deux : jouez comme dans l'exemple.

Exemple : A: Tu mȩ vois?   B: Jȩ te vois!

a. A : Tu mȩ comprends?   B :

b. A : Tu mȩ veux?   B :

c. A : Tu mȩ regardes?   B :

d. A : Tu mȩ téléphones?   B :

e. A : Tu m'écris?   B : Jȩ t'écris!

2. Changez de rôle.

 15 Quel âge ?

1. Écoutez et complétez le tableau avec les âges.

[z]	[t]	[v]	[n]	[tr]	[k]
	Ex : 37 ans				

22 (vingt-deux) ans ; 55 (cinquante-cinq) ans ; 37 (trente-sept) ans ; 18 (dix-huit) ans ; 4 (quatre)
ans ; 29 (vingt-neuf) ans ; 41 (quarante et un) an ; 10 (dix) ans ; 28 (vingt-huit) ans ; 60 (soixante)
ans ; 101 (cent-un) ans; 36 (trente six) ans; 43 (quarante-trois) ans.

Activités communicatives

2. Jouez à deux. Changez de rôle.

Exemple : A : Il __a__ 31 (trente et u__n)__ ans. B : Non, il __a__ 32 (trente deu__x)__ ans.

Utilisez les âges : 22 (vingt-deu__x)__ ans; 55 (cinquante-cin__q)__ ans; 37 (trente-sep__t)__ ans; 18 (dix-hui__t)__ ans ; 4 (qua__tre)__ ans ; 29 (vingt-neu__f)__ ans ; 41 (quarante et u__n)__ an ; 10 (di__x)__ ans ; 28 (vingt-hui__t)__ ans ; 60 (soixan__te)__ ans ; 101 (cent-u__n)__ ans ; 36 (trente s__ix)__ ans; 43 (quarante-trois__)__ ans; 15 (quin__ze)__ ans; 30 (tren__te)__ ans; 45 (quarante-cin__q)__ ans; 53 (cinquante-trois__)__ ans.

3. Dites votre âge !

Exemple : J'ai 51 (cinquante et u__n)__ ans.

Les voyelles /i/ – /y/

 Une petite ville

1. Écoutez et retrouvez la voyelle /i/, écrite « i » et la voyelle /y/, écrite « u », dans le dialogue suivant, puis répétez-le.

> A : T___ hab___tes au s___d de Par___s ?
>
> B : Ou___ , dans ___ne pet___te v___lle.
>
> B : C'est ___ne pet___te v___lle qu___ est très jol___e.
>
> B : ___l y a ___ne l___gne d'autob___s dans ma v___lle.
>
> B : Il y a auss___ un jardin p___bl___c et ___ne b___bl___othèque.

2. Jouez le rôle A puis le rôle B. Racontez votre ville.

Les voyelles /y/ – /u/

 Une tour

Dans quelle syllabe se trouve le son [y] dans les mots suivants ?

Exemple : Mulhouse

	Exemple	1	2	3	4	5	6
1ère syllabe	X						
2ème syllabe							

Les voyelles /y/ – /Œ/

 18 Entre filles

1. Écoutez et retrouvez la voyelle /y/, écrite « u », et la voyelle /Œ/, écrite « eu », dans le dialogue suivant.

a. A : J'ai v___ ___ne j___pe dans ___ne vitrine… **b.** B : De quelle coul___r ?

c. A : Bl___… D'un bl___ merveill___x. **d.** B : S___per !

e. A : Et aussi des chauss___res… **f.** B : Dans quelle r___ e t___ les as v___es ?

g. A : Je ne me rappelle pl___s !

2. Jouez le rôle A puis le rôle B.

La voyelle /y/ et la syllabe /ɥi/

 19 Mon numéro de téléphone

1. Répétez puis écrivez ce numéro de téléphone en toutes lettres.

Mon numéro de téléphone est 08 88 08 18 18.

2. Entraînez-vous à donner des numéros de téléphone en utilisant le plus de « huit » possible.

La syllabe /yn/ et la voyelle /Ē/

 20 Vive les vacances !

1. Écoutez et retrouvez la syllabe /yn/, écrite « une » et la voyelle /Ē/, écrite « un », dans le monologue suivant, puis répétez-le.

a. Je prépare ___ semaine de vacances avec ___ ami.

b. Je cherche ___ carte et ___ guide touristique.

c. Et ___ histoire d'amour pour ___ voyage avec ___ nuit de train.

2. Lisez ce monologue sans vous arrêter entre les groupes de mots.

La consonne /z/

21 Verbe au singulier ou verbe au pluriel ?

Choisissez.

Exemple : ils lisent

	Exemple	1	2	3	4	5
Singulier						
Pluriel	X					

Les consonnes /s/ – /z/

 22 À la boulangerie

1. Écoutez et retrouvez la consonne /z/ et la consonne /s/ dans le dialogue suivant, puis répétez-le.

a. A : Bonjour, je voudrais des viennoi___eries* :

    b. B : Il ne me re___te que des croi___ants et des pains au rai___in !

c. A : Dans ___e cas, je prends ___inq croi___ants.

    d. B : ___ix ___ euros, ___'il vous plaît.

    e. B : Voici vos croi___ants.

f. A : Mer_i.

* croissants, pains au chocolat ou pains au raisin qu'on achète dans une boulangerie.

2. Jouez le rôle A puis le rôle B.

Les consonnes /z/ – /ʒ/

 23 Un beau projet

1. Écoutez et retrouvez la consonne /z/ et la consonne /ʒ/ dans l'histoire suivante, puis répétez-la.

a. __uliette et __osé chan___ent de l'ar___ent.

b. Ils ___ ont un pro___et de voya___e.

c. Ils ___ ont envie de vi___iter le ___apon en ___uillet.

2. Lisez cette histoire.

Les voyelles /E/ – /ə/ pluriel/singulier

24 C'est le̸ plus beau !

Exemple : A : Ce pe̸tit garçon est beau ?   *B : Oui, le plus beau des pe̸tits garçons.*

1. À vous !

A : Ce pe̸tit garçon est beau ?	B : Oui, le plus beau des pe̸tits garçons.
A : Ce chien est gros	B : Oui, le plus gros des chiens.
A : Ce chat est gentil ?	B : Oui, le plus gentil des chats.
A : Cet oiseau est chanteur ?	B : Oui, le plus chanteur des oiseaux.
A : Ce che̸val* est doux ?	B : Oui, le plus doux des che̸vaux.

* un cheval, des chevaux

2. Répétez ce dialogue, puis pratiquez-le en changeant les adjectifs.

Les voyelles /Œ/ – /E/

 Poème

Écoutez ce poème et dites-le à deux.

Un cœur de pierre,
Une pierre en deux,
Un seul problème,
Être amoureux !

Les voyelles /Œ/ – /O/

 Je suis perdu

1. Écoutez et retrouvez la voyelle /Œ/ et la voyelle /O/ dans le dialogue suivant, puis répétez-le.

a. A : Bonjour M___si___r. Où est le chât___ ?

b. B : Tout en h___t, la d___xième rue à g___che.

c. A : On p___t y aller à pied ?

d. B : Non, c'est un p___ tr___p loin :

e. B : le chât___ est à d___x kil___mètres.

f. A : D___x kil___mètres, c'est pas b___c___p !*

* Phrase négative de style oral.

2. Jouez le rôle A puis le rôle B.

Les voyelles /Œ/ – /u/

 Pourquoi pleurez-vous ?

1. Écoutez et retrouvez la voyelle /Œ/ et la voyelle /u/ dans le dialogue suivant, puis répétez-le.

a. A : Vous pl___rez ? Vous êtes malh___r___x ?   **b.** B : J'ai beauc___p de s___cis...

c. A : J___ ne v___x pas être trop curi___se   **d.** B : N___ v___s inquiétez pas !

e. B : Ça va déjà beauc___p mi___x !

2. Jouez-le rôle A puis le rôle B.

La voyelle orale /A/ et la voyelle nasale /ã/

 Ma famille

Exemple : A : Armande, c'est ta grand-mère ?   ***B : Oui, ma grand-mère s'appelle Armande.***

1. À vous ! Répondez et jouez le rôle B.

a. A : Armande, c'est ta grand-mère ?   B : ....

b. A : Armance, c'est ta tante ?   B : ....

c. A : Garance, c'est ta grand-tante ?   B : ....

29 **De grandes vacances**

1. Écoutez et retrouvez la voyelle nasale /ã/ et la voyelle nasale /õ/ dans l'histoire suivante, puis dites-la.

a. Ils v___t ___ vac__ces

b. et ils s___t très c__t__ts.

c. Ils ___t l'int__ti__* de pr__dre l'avi___.

d. Ils visiter__t l'Irl__de et l'__gleterre.

*Ils ont l'intention = ils veulent

2. Lisez cette histoire.

30 **Compte bien, c'est difficile !**

1. Calculez le résultat des opérations.

a. A : 5 + 15 = ?   B : ....

b. A : 100 – 50 = ?   B : ....

c. A : 20 x 5 = ?   B : ....

d. A : 25 : 5 = ?   B : ....

2. Calculez le résultat d'autres opérations. Choisissez des nombres avec des voyelles nasales.

31 **Le vélo de Ludo*.**

1. Écoutez et retrouvez la voyelle /O/ et la voyelle /u/ dans l'histoire suivante, puis répétez-la.

a. Il y a un vél___ r_ge dans la c___r.

b. C'est le vél___ de Lud___*.

c. Lud___ va au b__l__ot** t___s les j___rs

d. sur son b___ vél___ r___ge.

* abréviation de Ludovic. ** travail

2. Lisez cette histoire.

32 **Nous voilà !**

1. Choisissez le mot que vous entendez. Four – fois – foire – phare !

a. Quel _____ !

b. Quelle _____ !

c. Quel _____ !

2. Choisissez le mot que vous entendez. Pour – poids – poire – part

a. Beaucoup de _____.

b. Beaucoup de _____.

c. Beaucoup de _____.

 Le voyage de Valérie

3. Répétez cette histoire, puis lisez-la.

a. Voilà Valérie.

b. Elle part en voyage en voiture avec trois voisins.

c. Elle va très loin pour vous revoir.

Absence ou présence du /R/ final

 Pars !

Jouez ce monologue.

a. Tu pars ?

b. Tu ne pars pas ?

c. J'en ai marre* de ton histoire : c'est le bazar** …

d. Pars et on n'en parle plus !

* J'en ai assez ! ** ce n'est pas clair !

La consonne /R/

 J'en suis sûr !

Exemple : A : C'est bleu ou c'est vert ?   *B : Je suis sûr que c'est vert.*

1. À vous !

a. A : C'est bleu ou c'est vert ?   B : ....

b. A : C'est foncé ou c'est clair ?   B : ....

c. A : C'est blanc ou c'est noir ?   B : ....

d. A : C'est faible ou c'est fort ?   B : ....

e. A : C'est mou ou c'est dur ?   B : ....

2. Jouez le rôle A puis le rôle B.

Activités communicatives

 **37 Râleur !***

1. Écoutez et retrouvez la consonne / R / ou la consonne / l / dans le monologue suivant, puis jouez-le.

a. ___a bib___iothèque est fe___mée ___es ma___dis.

b. Comme ___a mai___ie !

c. Ce sont des se___vices pub___ics**, pou___tant !

d. Pou___quoi ne sont-e___es pas ouve___tes p___us ta___d

e. ___e soi___ ___es aut___es jou___s ?

* râler = protester. ** services payés par les taxes.

2. Lisez ce monologue.

38 Pas de ci, pas de ça…

1. Écoutez et répétez les deux exemples.

Exemple :   *Un chat ? Oui, beaucoup de chats ! Oui, beaucoup de̸ chats !*
     Un G ? Non, pas de G ! Non, pas de̸ G

2. Construisez des phrases question/réponses, une fois en prononçant « de », une fois en prononçant « d(e) » comme dans l'exemple, en prononçant le /e/ de « de » puis sans le prononcer.

Pas de … (2 syllabes) / Pas de̸… (1 syllabe)
Jamais de … (3 syllabes) / Jamais de̸… (2 syllabes)
Un peu de … (3 syllabes) / Un peu de̸… (2 syllabes)
Beaucoup de … (3 syllabes) / Beaucoup de̸… (2 syllabes)

(un) chat	(un) G
(un) chien	(un) J
(une) chemise	(du) jambon
(des) chaussures	(des) journaux
(des) chaussettes	(du) jaune
(des) cheveux	(une) joue
(un) chèque	(une) jambe
(des) chômeurs	(un) genou
(une) chambre	(la) justice
(des) Chinois	(des) Japonais

39 Des artistes

1. Écoutez et retrouvez la voyelle /i/ et la voyelle /E/ dans l'histoire suivante, puis dites-la.

a. ___l _mag___ne d___ h___stoires

b. ___ ___l ___cr___t d___ l___vres.

c. Son am___ d___ss___ne d___ ___mages.

d. ___ls ont des proj___s de f___lms.

e. ___ ___ls cherchent un f___nancement.*

* de l'argent

2. Lisez cette histoire.

Les voyelles /ə/ – /A/

 40 Masculin ou féminin

Choisissez.

Exemple : Le violoniste.

	Exemple	1	2	3	4	5
Masculin	X					
Féminin						

Les voyelles nasales /õ/ – /ã/

 41 C'est long d'attendre…

1. Écrivez les nombres que vous entendez.

a. ………………………………………   b. …………………………………………

c. ………………………………………   d. …………………………………………

e. …………………………………………   f. …………………………………………

2. Dites ces nombres, puis lisez-les.

Les consonnes constrictives

42 Vous êtes sportive ?

Exemple : A : J'aime le tennis   *B : Vous faites du tennis ?*

1. À vous !

a. A : J'aime le tennis….   B : …………………………………………

b. A : J'aime le golf…   B : …………………………………………

c. A : J'aime le vélo…   B : …………………………………………

d. A : J'aime le foot…   B : …………………………………………

e. A : J'aime la rando*…   B : …………………………………………

f. A : J'aime la voile**…   B : …………………………………………

* randonnée = marche dans la nature. ** faire du bateau à voiles.

2. Pratiquez ce dialogue avec les sports que vous connaissez.

Préparons les pâtes !

1. Écoutez et retrouvez la consonne /p/ et la consonne /b/ dans la recette suivante, puis répétez-la.

a. Jetez les ___âtes dans l'eau ___ouillante*.

b. ___atientez quelques minutes,

c. égouttez** ___ien les ___âtes dans une ___assoire***.

d. ___résentez dans un ___lat

e. avec du ___eurre

f. et un ___etit ___eu de ___armesan râ___é**** !

* eau qui est à 100°C. **faire partir l'eau. *** bol avec des trous pour faire partir l'eau. **** fromage italien mis en poudre.

2. Lisez la recette. Inventez votre propre recette avec des /p/ et des /b/.

 Une fête.

1. Écoutez et retrouvez la voyelle /ə/ et la voyelle /E/ dans le texte suivant, puis répétez-le.

a. J___ pr___pare une f___te.

b. J'___ beaucoup d___ choses à f___re.

c. J'___ invité tous m___ amis.

d. J'___p___re qu'il f___ra beau.

e. ___ qu___ tous s___ront pr___sents.

2. Lisez ce monologue.

Menu

1. Composez votre menu à l'aide du tableau. Dites votre menu.

Exemple :   Entrée : omelette au fromage ;
Plat : bœuf aux carottes ;
Dessert : moelleux cœur fondant ;
Boisson : eau minérale.

Entrées	Omelette au fromage Œufs brouillés Œuf dur mayonnaise
Plats	Pot-au-feu Bœuf aux carottes Rôti de bœuf haricots beurre Sole meunière
Desserts	Mousse aux deux chocolats Sorbet pomme-fraise
Boissons	Eau minérale Eau gazeuse Thé Bière Bordeaux Beaujolais

Les voyelles /u/ – /Œ/

(46) Vous êtes seul ?

1. Dans quelle syllabe entendez-vous le son /Œ/ dans les mots suivants ?

Exemple : douteux

	Exemple	1	2	3	4	5
La première syllabe						
La deuxième syllabe	X					

2. Entendez-vous le son /u/ et, si oui, dans quelle syllabe ?

Exemple : curieux

	Exemple	1	2	3	4	5
La première syllabe						
La deuxième syllabe						
Je n'entends pas /u/	X					

Les consonnes /f/ – /v/ et /p/ – /b/

(47) Du poisson frais.

1. Retrouvez les consonnes /p/ – /f/ – /b/ – /v/ dans le dialogue suivant, puis répétez-le.

a. A : ___oulez-___ous du ___oisson ?

b. B : Est-il ___raiment ___rais ___otre ___oisson ?

c. A : É___idemment, il est ___ar___aitement ___rais :

d. A : je ___iens de le ___êcher !

e. B : ___ar___ait ! J'en ___rends ___olontiers.

f. B : Une li___re, s'il ___ous ___laît.

2. Jouez le rôle A puis le rôle B.

Les semi-consonnes /ʒ/ – /ɥ/ – /w/

 Questions pour un champion

1. Écoutez et répétez les mots.

2. À deux : A lit la définition, B doit trouver la réponse. Changez les rôles.

Exemple : A : Le contraire du jour, c'est ?   *B : C'est la nuit !*

Mots en [ɥi]		Mots en [wa]		Mots en [j] + voyelle	
Définition	*Mot*	*Définition*	*Mot*	*Définition*	*Mot*
0h00	**Minuit**	30 jours, c'est…	Un **mois**	Le contraire de tout	**Rien**
Ça ne coûte rien	C'est **gratuit**	Le mari de la reine, c'est…	Le **roi**	L'ennemi du chat	Le **chien**
4 + 4 =	**8**	Le pain quand on a faim, l'eau quand on a	**soif**	Le contraire de jeune	**Vieux / Vieille**
Le contraire du silence	Le **bruit**	8-5 =	**3**	Le couteau, la fourchette et…	La **cuillère**
Le contraire du soleil	La **pluie**	Le contraire de la gauche	La **droite**	En bas, c'est la terre, en haut c'est…	Le **ciel**
Ça se mange et ça pousse dans les arbres	Un **fruit**	Le contraire de : *Il fait chaud*	Il fait **froid**	Le contraire de l'intérieur	**L'extérieur**
Le passé, c'est hier. Le futur, c'est demain. Et le présent, c'est…	**Aujourd'hui**	Avec les yeux, on peut…	**Voir**	Le roi de la jungle	Le **lion**
Si c'est une femme, c'est elle. Si c'est un homme, c'est…	**Lui**	Dans une main, il y en a 5	Des **doigts**	Le contraire de « C'est tout près »	C'est très **loin**

3. Écoutez et répétez à nouveau.

La dénasalisation

 Une compétition internationale.

1. Répétez cette histoire au masculin.

Un champion argentin a gagné la compétition.
Il est bon, il est vraiment bon !
Il n'y a aucun autre champion sud-américain dans la course.
Tous les autres sont européens ou australiens.

2. Dites cette histoire au féminin. Écoutez-la, puis répétez-la.